本书得到国家自然科学基金(编号：71372171)的资助

经济管理学术文库·经济类

基于外部学习的商业模式创新对企业绩效的影响研究

The Effects of Business Model Innovation on Firm Performance from External Learning Persperctive

蔡俊亚／著

经济管理出版社
ECONOMY & MANAGEMENT PUBLISHING HOUSE

图书在版编目（CIP）数据

基于外部学习的商业模式创新对企业绩效的影响研究/蔡俊亚著. —北京：经济管理出版社，2018.6
ISBN 978-7-5096-5718-8

Ⅰ.①基…　Ⅱ.①蔡…　Ⅲ.①商业模式—影响—企业绩效—研究—中国　Ⅳ.①F272.5

中国版本图书馆 CIP 数据核字（2018）第 059435 号

组稿编辑：杨国强
责任编辑：杨国强　张瑞军
责任印制：黄章平
责任校对：张晓燕

出版发行：经济管理出版社
（北京市海淀区北蜂窝 8 号中雅大厦 A 座 11 层　100038）
网　　址：www. E-mp. com. cn
电　　话：（010）51915602
印　　刷：三河市延风印装有限公司
经　　销：新华书店
开　　本：720mm×1000mm/16
印　　张：12.25
字　　数：206 千字
版　　次：2018 年 6 月第 1 版　　2018 年 6 月第 1 次印刷
书　　号：ISBN 978-7-5096-5718-8
定　　价：68.00 元

前言

伴随新一代信息技术带来的跨产业链的价值重组，商业模式创新成为企业竞争优势的重要来源。然而，中国企业的商业模式创新实践仍然存在许多困难。第一，中国企业未能针对竞争环境特征找到适合的商业模式创新方式。第二，对如何利用开放的外部学习环境推动商业模式创新缺乏经验。第三，长期执着于资源竞争，商业模式创新需要的动态能力不足。

遗憾的是，以往学术界对如何解决这些问题仍然缺乏深入的研究。第一，以往研究对商业模式创新与企业绩效的关系仍然存在不同的观点，对商业模式创新创造价值适合的环境特征仍然缺乏深入分析，尤其是没有针对中国转型特征识别与之匹配的商业模式创新方式。第二，尽管企业学习环境呈现出高度开放性，以往研究尚未能识别推动商业模式创新的开放学习方式。第三，尽管商业模式创新需要重构内外部资源，然而以往研究对动态能力影响商业模式创新的方式仍缺乏深入分析。第四，尽管商业模式创新是开放学习与资源重构交织的过程，以往研究未能分析外部学习方式与动态能力对商业模式创新的共同作用。

针对以往研究的不足和中国企业商业模式创新实践中的问题，本书分析了效率型商业模式创新和新颖型商业模式创新在竞争强度和制度执行失效条件下对企业绩效的影响；研究了行业外学习与行业内学习对两类商业模式创新的影响方式；在识别内部资源重构能力和联盟管理能力的基础上，分析了两类动态能力对两类学习与商业模式创新关系的调节作用。在理论分析基础上提出了 18 条假设，并采用 238 个企业的样本对模型进行实证分析，分析结果有力地支持了本书提出的理论模型。

研究发现：①效率型商业模式创新与新颖型商业模式创新都有利于提

高企业绩效，新颖型商业模式创新比效率型商业模式创新更能促进企业绩效。②制度执行失效和竞争强度对商业模式创新的作用有不同调节作用。在竞争强度高的情况下，效率型商业模式创新对企业绩效促进作用更强，而新颖型商业模式创新对企业绩效的促进作用更弱。在制度执行失效的情况下，效率型商业模式创新和新颖型商业模式创新对企业绩效的促进作用都显著下降。③效率型商业模式创新和新颖型商业模式创新需要不同类型的学习方式。研究发现，行业内学习会促进效率型商业模式创新而抑制新颖型商业模式创新。然而，行业外学习对效率型商业模式创新和新颖型商业模式创新都有显著的促进作用。行业外学习比行业内学习对效率型商业模式创新的促进作用更强。④内部资源重构能力和联盟管理能力对行业内、外学习与商业模式创新的关系有不同的调节作用。内部资源重构能力和联盟管理能力都加强了行业内学习对新颖型商业模式创新的抑制作用，而联盟管理能力加强了行业内学习对效率型商业模式创新的促进作用。内部资源重构能力和联盟管理能力都加强了行业外学习对新颖型商业模式创新及对效率型商业模式创新的促进作用。

与同类研究相比，本书的创新之处体现在以下几个方面：

（1）阐明了竞争强度与制度执行失效的不同调节作用，识别了新颖型商业模式创新和效率型商业模式创新创造价值的环境特征。尽管众多研究都指出，在高度互联的市场环境下，重新塑造商业模式成为企业竞争优势的重要来源，然而目前对商业模式创新与企业绩效的关系仍然存在争论。本书针对中国转型环境特征，分析了竞争强度和制度执行失效对新颖型商业模式创新和效率型商业模式创新与企业绩效之间关系的调节作用。通过识别不同类型商业模式创新所需要的权变环境，扩展了以往价值攫取方面的商业模式创新研究，弥补了以往研究缺乏针对中国环境的商业模式创新研究的不足。

（2）识别并揭示了行业内学习与行业外学习对商业模式创新的不同作用方式。尽管当前研究都认为商业模式创新的过程是开放学习的过程，但这些研究仍然没有明确识别能够推动商业模式创新的学习方式。本书在组织学习理论基础上，将学习活动区分为行业内学习和行业外学习，并分析了两类学习对商业模式创新的不同作用。研究发现，效率型商业模式创新和新颖型商业模式创新需要不同类型的学习方式。

（3）识别了商业模式创新中重要的动态能力类型，并阐明了动态能力与外部学习对商业模式创新的共同作用。研究通过整合动态能力理论和组织学习理论，厘清了两类变量对商业模式创新的共同影响，弥补了商业模式创新研究中对动态能力分类不清、作用方式不明确的缺陷。研究发现，内部资源重构能力和联盟管理能力对行业内与行业外学习及商业模式创新的关系有不同的调节作用。

蔡俊亚

西安理工大学经济管理学院

目　录

1 绪 论

伴随新一代信息技术的发展和社会资源互动深度的加强，产业边界逐渐消融。这为各类企业重新塑造商业模式创造了机会。在开放环境下，重新塑造商业模式成为除积累核心资源、占领产业位置之外，竞争优势的新来源。然而，由于商业模式创新本身的复杂性和中国企业环境特征的波动性，中国企业在商业模式创新方面仍然存在诸多困难。未能针对转型环境特征找到适合的商业模式创新方式；局限于模仿，对如何利用开放的学习环境推动商业模式创新缺乏经验；长期执着于资源竞争，动态能力不足。要解决这些问题，急需在理论上分析中国环境下哪种商业模式创新更有利于提高企业绩效，识别驱动商业模式创新的学习方式和有利于商业模式创新实施的动态能力。遗憾的是，以往研究对商业模式创新促进企业绩效的边界条件仍然缺乏研究，仍未能识别促进商业模式创新的外部学习方式，对如何塑造动态能力以提高外部学习对商业模式创新的影响缺乏深入分析。本章针对现有研究的不足，提出了研究问题、内容及研究框架。

1.1 现实背景

1.1.1 网络化环境下商业模式创新成为竞争优势的新来源

伴随信息技术的迅速发展和生产活动在全球范围内的重新分工，企业的外部环境呈现出高度网络化特征。企业与所在的商业生态系统的相互依赖关系进一步加强。竞争活动呈现出多要素共演的显著特征。

首先，全球经济分工和新一代信息技术让经营活动进一步细化。早期的企业经营活动遵循一体化策略，努力将所有创造价值的活动内部化；企业自己完成研发、制造、销售等所有活动。然而，全球化融合让更多的企业重新构建自己的价值创造活动，通过外包、合资、联盟等多种形式将企业更多地置身于合作网络中。企业将内部价值创造活动模块化分割，在自身企业与合作伙伴之间进行重新分工。外包活动迅速发展，从最早的制造外包向流程外包、服务外包迅速蔓延。外包的范围已经从简单的制造，发展到人力资源管理、信息系统维护、数据挖掘、数据分析、市场营销、财务核算甚至核心技术研发。宝洁公司推出了“C+D”(Connect+Development)模式，通过众包形式向全世界征集技术资源和创意。

伴随这种趋势，价值创造活动已经从一体化模式向合作模式转变。原来由一家企业完成的活动现在由多家专业公司共同完成。例如，现在的汽车工业已经构建起一个复杂的网络关系。原料供应商、二级部件供应商、一级部件供应商、整车厂商、经销商以及顾客所构成的全球网络中，整车厂商处于核心的地位。一辆整车有上万个零件，并且需要批量生产，因而供应管理是否良好，直接决定了整车厂商的生产效率。而汽车的开发过程，往往需要供应商的协助。如今，在全球化分工合作的大背景下，外购件一般约占一辆汽车价值的 60%。根据 Gartner 的统计，全球外包市场在过去 10 年间年增长率为 12%，企业的经营方式已经从一体化模式转变为网络模式。

其次，新一代信息技术的发展大大降低了网络协作成本。一方面，随着即时通信软件、搜索（Google，Baidu）、社区软件、Facebook 等新一代技术的发展，企业搜寻新资源和合作伙伴的成本大大降低，时间大大加快。互联网以及移动互联技术的提高让所有的商家能够在极短的时间内发布信息和整合信息。顾客、人才、资金、技术、合作信息等要素在短时间内可以聚合。例如，团购企业借助互联网聚合碎片需求信息，通过积少成多形成讨价能力与店家形成交易。微信伴随智能手机的普及，迅速成长为新的营销渠道，通过熟人推荐和转发降低了搜索顾客的广告成本。即时通信软件能够让大洋彼岸的客户即时看到软件编码的过程和进度。开源软件能够让全社会的员工贡献自己的聪明才智而实现软件开发。这些信息技术的发展让资源的重新聚合和寻找成本大大降低，原来依靠组织流程和企业边界来降低交易成本的做法逐渐失效，新的组织手段不断涌现。另一方面，新信息技术的蔓延打破了行业边界，使跨行业和跨国界的价值链重构成为可能。以传统的杀毒软件行业为例，原有经营方式以开发杀毒软件，提供杀毒服务作为主要的收入来源。杀毒速度和杀毒的准确度成为同行竞争的关键。然而，由于网络平台让广告成为收入来源，360 杀毒软件以免费形式颠覆了传统的做法。利用免费杀毒软件构建平台，吸引用户而以广告作为主要收入。360 杀毒软件整合了广告行业和杀毒软件行业的核心要素，创造新的价值链。微信作为即时通信软件，伴随智能手机的普及迅速替代了短信成为 30 岁以下年轻人的主要通信手段。作为 IT 行业的腾讯和作为通信运营商的移动竞争距离急剧缩短。苹果公司通过连接内容提供商（例如软件、游戏开发商）和顾客，彻底颠覆了手机行业的经营模式。伴随互联网技术的发展，跨行业的价值重构正逐步改造传统行业，这种重构打破了既定的行业边界，颠覆着众多既定的行业逻辑。

伴随全球化和新一代信息技术的冲击，全世界的企业都已认识到我们的环境已经呈现出高度互联的网络化特征。竞争已经从核心资源时代向创新时代转变。创新作为动态环境下企业竞争优势的重要来源一直受到学术界和企业实践的重视。自 1934 年熊彼特指出创新对经济发展作用以来，众多的学者对产品创新、服务创新、工艺创新以及管理创新等多种创新形式开展了大量的研究，改进产品、工艺和管理手段也一直是管理实践中关注的重要创新主题。然而，近年来，网络技术普及和应用带来的交易成本降低及创新要素流动性的提高，众多的企业家和学者注意到，单纯依赖产品创新、工艺创新、管理创新已经不足以在未来的竞争中胜出。例如，Øiestad 和 Bugge（2013）研究指出，随着数字技术的推广对传统出版行业的商业模式提出了挑战。数字技术和互联网技术的出现颠覆的不是原有出版业的产品和服务本身，而是整个行业的商业模式，这些变化要求出版业企业重新审视企业的产品组合和核心竞争力，改变商业模式来适应环境的变化。IBM 的调查也显示，与产品创新和工艺创新相比，商业模式创新更能够显著提高企业绩效。调查显示，关注运营创新的企业 5 年的复合增长率为负，关注产品/服务创新的企业比关注运营创新的企业复合增长率要高。然而，与关注商业模式创新的企业相比，关注产品/服务创新的企业过去 5 年的复合增长率（%）要低很多，如图 1.1 所示。

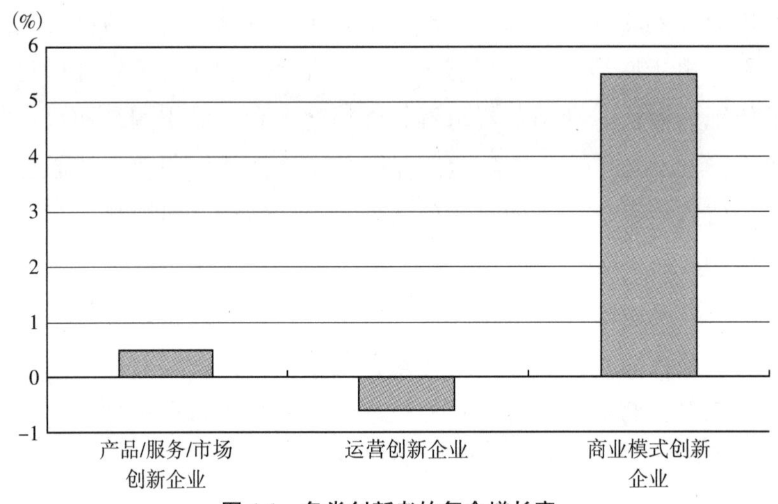

图 1.1　各类创新者的复合增长率

资料来源：IBM 的调查。

因此，众多的学者和企业家认识到，未来的竞争更加需要改进商业模式，通过新的商业模式重新整合组织内部和外部资源以创造价值空间。苹果、腾讯等众多公司都依赖商业模式的创新获得了更高的增长。图 1.2 展示了苹果在引入商业模式创新之后净收入的变化情况。

商业模式创新成为众多企业关注的核心话题，作者以百度新闻作为信息来源，检索了自 2004 年 1 月 1 日至 2014 年 11 月，每年以“商业模式创新”为主题的新闻报道情况。如图 1.3 所示，自 2004 年以来，关于商业模式创新的报道逐年上升，已经从 2004 年的 18 条上升到 2014 年的 377000 条，成为众多企业关注的重要问题。众多企业开始关注商业模式创新，讨论商业模式创新对竞争优势的作用。传统的产品和服务创新更多的是基于

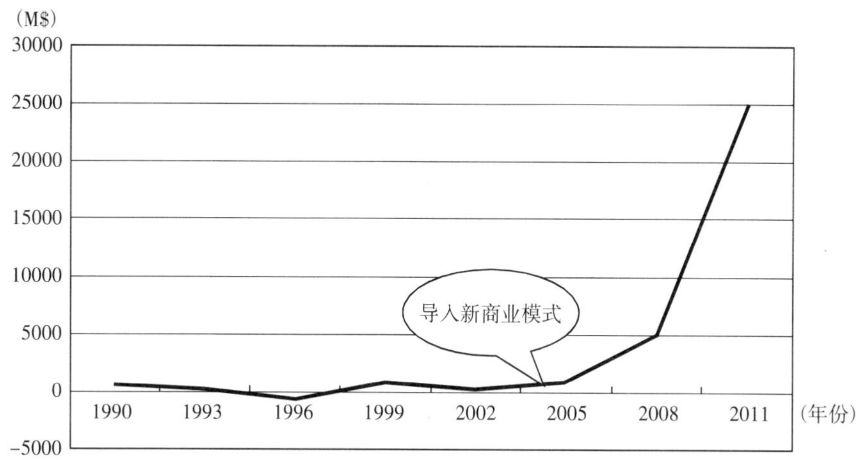

图 1.2 苹果改变商业模式之后的净利润

资料来源：Zott 和 Amit 整理。

内部一体化模式下，通过提高进入门槛和开发有价值、稀缺、难以模仿及替代的内部资源来获取竞争优势的路径；商业模式创新是高度互联环境下通过改变价值创造方式而实现竞争优势的路径。伴随产业链条的不断分解细化以及新一代信息技术带来的组织成本的降低，通过融合不同产业的资源塑造全新的价值创造方式成为竞争优势的新来源。因此，在高度网络化的环境下，商业模式创新成为竞争优势的新来源。

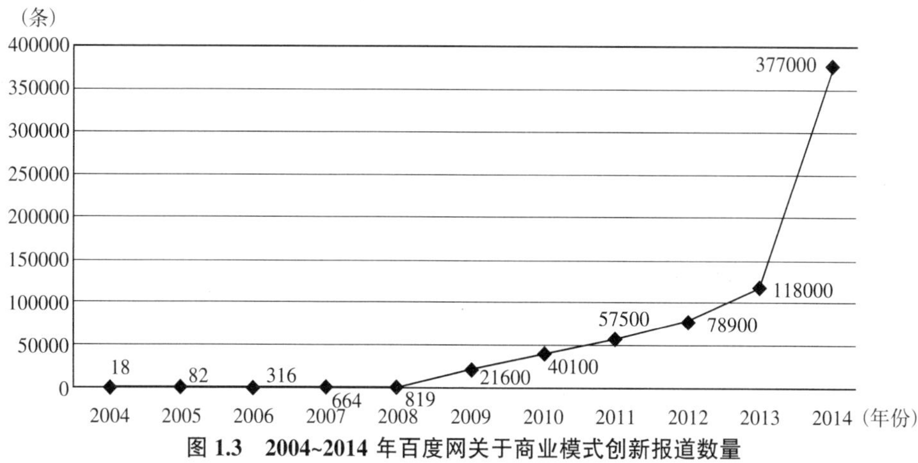

图 1.3 2004~2014 年百度网关于商业模式创新报道数量

资料来源：作者根据百度新闻检索结果整理。

1.1.2 中国企业商业模式创新面临的困难

尽管众多企业都开始关注商业模式创新，然而在商业模式创新的实践过程中，众企业对何种商业模式才能够提高企业绩效感到困惑，中国企业的商业模式创新存在诸多困难。

1.1.2.1 未能针对竞争环境特征找到适合的商业模式创新路径

尽管在过去的10年间商业模式创新已经成为众多企业耳熟能详的名词，但大多数中国企业还是难以找到商业模式创新的有效方式。

一方面，激烈的竞争环境让很多企业难以承受商业模式创新的风险。随着国企改革的推进、民营企业的迅猛发展和国际公司的进入，中国市场的竞争强度急剧攀升。重要的是，由于技术积累不足，众多的中国企业更多地依赖资源进行同质化竞争。激烈的竞争让众多企业的经营盈利空间迅速缩减，资金冗余急剧下降，这导致企业难以有更多的资源来试验新的商业模式。众多企业被激烈的竞争锁定在既定行业规则中，难以承受商业模式创新的风险。尽管企业试图通过商业模式创新实现竞争突围，但企业普遍无法确定哪种商业模式创新更适合当前的竞争环境。

另一方面，制度环境让商业模式创新的不确定性提高。基本制度转型是中国企业经营环境的核心要素。制度转型的过程是政府逐渐从经济活动中退出，从经济活动参与者变成游戏规则制定者和执行者的过程。这一过程是计划经济制度被逐渐打破，以市场为中心的制度体系逐渐建立的过程。政府作为制度松绑、建立、执行的主体，对中国企业的经营环境有根本影响。制度是企业交易活动的规范集合，是交易活动的游戏规则。不论是正式制度还是非正式制度，这种游戏规则的存在导致经济活动中各个主体的资源交换能够以更低的成本进行。然而，制度的不完善给商业模式创新收益的获取带来潜在风险。

与产品创新不同，商业模式创新难以通过内部的商业秘密等形式加以保护。不完善的制度环境给商业模式创新企业带来很大风险。例如，团购作为新的商业模式，在短短的18个月里就走到了产业周期的顶点。团购企业从1家迅速增加到5500多家，然而众多团购企业并没有从中获益，究其原因是由于团购的商业模式太容易被模仿，难以利用制度进行保护。更重要的是，商业模式创新实质上是整合外部资源的新方法。商业模式创新的实质是改变了企业与供应商、顾客、研发机构、高校等创新伙伴进行资源交换的方式。制度作为降低交易成本的重要手段，会对各个利益相关者主体的交易关系产生深刻影响。然而，在中国制度转型环境下，各类制度存在模糊性大、空白多的特点，为商业模式创新收益带来较大风险。因此，哪些商业模式创新更适合制度不完善的环境成为创新实践中的重要问题。

1.1.2.2 局限于模仿，对如何利用开放的外部学习推动商业模式创新缺乏经验

尽管中国企业广泛认识到创新的重要性，但是，从创新的实践情况看，大部分企业受制于现有价值网络的制约而更多地开展渐进性创新，在模仿基础上对产品进行小幅度的改进。在商业模式创新方面也这样，更多的是在模仿现有商业模式基础上进行改进，通过降低交易成本来创造价值。例如，团购商业模式复制的是美国的 Coupon，《中国好声音》来源于荷兰节目，QQ 更是通过模仿建立了自己的商业模式。众多企业的商业模式创新仅仅是销售模式的改进、盈利模式的改进、产品的重新定位、管理手段的改变，更多的是围绕现在的产品和服务，对管理手段、销售方式、盈利方式进行调整，从局部着眼，致力于降低交易差错、加快交易速度、降低交易成本等。对新的合作关系、新颖的交易方式、新的联盟方式缺乏探索。

由于商业模式作为多主体参与的价值创造和价值获取的系统，其本身是由顾客、供应商、政府、合作伙伴、同行等多个主体共同完成的，具有显著的网络嵌入性。现有的商业模式往往以既定的价值主张和产品为基础，商业模式的创新受到网络惯性的影响而往往导致企业难以获取既定价值网络之外的知识和信息，提高了整合价值网络之外的知识和信息的成本。全新的商业模式需要在新的价值主张基础上，构建全新的合作网络和能力基础。全新商业模式的设计意味着企业要打破既定创新网络带来的惯性，依赖价值网络之外的知识和信息对现有价值网络进行重新设计，这需

要更开放的创新方式。而中国企业更多地关注通过在内部研发技术的基础上开发新的产品以提高创新绩效。这种相对封闭的创新方式往往难以扩展企业的边界，导致企业更多地关注内部技术资源，知识宽度受到限制。

由于商业模式是市场定位、价值主张、产品、资源、流程、盈利模式、成本结构等众多要素的组合，需要企业转变封闭的学习方式，通过广泛的外部学习方式推动商业模式创新。随着微博、移动互联网等技术的推广，全球企业面临着更为开放的学习环境。原有的一体化的内化学习方式正逐渐被开放的合作式的学习取代。企业可以利用迅速增长的外部资源，信息量迅速积累成为几乎囊括技术、顾客、竞争等多方面信息的大数据。依赖引进、消化、吸收、再创新的内化学习方式正逐步被识别问题、搜寻、合作的方式替代。企业学习的范围已经不局限于内部的各个部门，顾客和供应商，已经扩展到大众、政府、行业协会、各类媒体、会议以及其他行业。然而，究竟哪些来源的信息能够有效地推动商业模式创新，企业显得经验不足。

1.1.2.3 长期执着于资源竞争，动态能力不足

商业模式创新是重新构建价值创造和价值获取系统的活动，内部需要对资源进行重构，外部需要构建合作网络。中国的经济转型过程是国有企业由生产中心变成利润中心的过程，也是民营企业从无到有的过程。由于中国人口众多、需求量大而市场机会丰富，大部分中国企业在发展的初期遇到的外部威胁较少。大部分企业在战略选择过程中主要是利用现有的技术和资源生产产品来满足市场需求的缺口。在过去的几十年中，中国企业一直处在“抓机会、抓生产”的规模型增长过程中。外部市场机会的丰富和市场制度的不完善让中国企业往往执着于现有能力和技术的应用，执着于“投机”而不是“投资”。在过去的经营中重视积累资源，根据现有的市场机会快速应用现有的技术和能力来获取短期利益，而对未来竞争所需要的能力关注甚少，对潜在的市场威胁和市场发展趋势关注不够。例如，中国制造业利用现有的技术和廉价的资源执着于生产和低成本战略，积累了大量的生产管理经验、生产运作知识。然而，随着全球竞争激烈程度的提高、顾客需求动态性加强和技术进步的加快，中国企业普遍缺少创新需

要的动态能力。同时，由于大量的固定投资带来沉没成本较高，企业在以往经营中积累了大量的应用现有技术和能力满足顾客的经验，对新技术的探索意味着这些投资的贬值和对现有市场、顾客的放弃。自我国经济产业结构调整以来，依赖房地产行业带动的以资源为基础的竞争逐渐显露弊端。中国企业在面对越来越强的全球竞争，在缺少政策保护和资源优势的情况下，都表现出异常薄弱的动态适应能力。伴随政策调整，普通制造业的利润率急剧下降，即使是光伏、风能、新能源等众多新兴产业也表现出资源有余、能力不足的窘迫现状。众多企业难以在市场冲击下通过重新构建内部资源和新的合作网络来实现创新突围。

动态能力的不足带来的结果是，即使企业通过外部学习构思了新的商业模式，但这些商业模式也往往难以实现。例如，国美和苏宁面临京东商城的冲击分别建立国美在线和苏宁易购，这种新的商业模式既需要企业内部重新调整部门和流程，也需要与物流、银行以及网络公司建立新的合作关系，并管理这个新的合作网络。京东商城在面临网络投诉快速增加的情况下，为了进一步提高现有商业模式的效率，提出构建自身的三级物流体系。这需要内部构建仓库、仓储系统、车队、管理系统、管理部门等新的物流资源，同时也需要构建新的合作伙伴关系来实现商业模式效率的提升。针对商业模式创新而言，内部资源重构能力不足或者联盟管理能力不足，都将导致新的商业模式无法实现。

1.2 理论背景

对商业模式创新的倡导起源于电子商务领域。早在 1990 年左右就引起学者的关注，Timmer 在 1998 年最早提出了商业模式的概念，并将其描述为产品、服务、信息的架构和描述收益来源的工具。随着网上市场的蓬勃发展，更多的学者开始关注如何利用网络发现和创造新的价值来源及俘获价值的新方式。然而，直到 2005 年以后才被企业界和学术界持续关注。

且对商业模式的讨论大多数发表在行业杂志上。对商业模式的学术研究尚处于起步阶段。从发表论文的情况看，截至 2014 年，ABI、Willey、Elsevier 等数据库检索到的讨论商业模式的 SSCI 学术文章仅有 140 多篇，而且这些研究更多的是定性的案例分析，对商业模式创新更高层次的规律尚缺乏深入分析。总体上看，商业模式创新成为“广泛提及，很少深究”的研究主题。国际著名的期刊，例如 R&D *Management*、*Long Range Planning*、*Strategic Organization* 等都在近 3 年相继发表专题论文探究该领域当前的不足和未来的研究方向。*Strategic Organization* 在 2013 年底发专刊讨论了商业模式创新的研究现状和未来的研究方向。该期刊的影响因子是 1.769，在商学期刊里排名属于前 1/3，是战略研究领域的重要期刊。Michael Hitt、Teece、Mike Peng 等著名学者都曾在该期刊发表论文。专刊客座编辑在开篇的介绍中一致认为商业模式的研究成为战略管理领域的重要议题。然而，过去的研究仍然局限于案例的描述性分析，对商业模式的内涵、商业模式的分析层次和理论基础仍然不够清楚。他们认为，商业模式是未来开放环境下新的研究课题，需要学者进一步加深研究。专刊邀请了目前商业模式研究领域最有影响力的学者 Zott、Amit、Arend 等发表论文。2015 年，*Strategic Entrepreneurship Journal* 继续刊发专刊讨论商业模式创新。

国内学者对商业模式和商业模式创新的研究基本沿用了国外研究的思路，直到 2006 年才有商业模式的论文出现在管理学 CSSCI 检索的期刊上。图 1.4 显示了 2004~2014 年管理学 CSSCI 期刊上发表的篇名中包含“商业模式”或“商业模式创新”的研究论文的数量。在 2004~2009 年发表的论文非常少，但在过去的 5 年中论文数量逐年上升。商业模式伴随着众多互联网企业的成功迅速成为管理实践和理论界关注的热点问题。然而，总体来看，这些研究更多地利用案例描述商业模式变化的过程。

尽管众多研究对商业模式界定没有得到统一的认识，但几乎所有学者都承认，商业模式的实质是“企业在系统层面上是如何做生意的”。“如何做生意”的实质是价值创造的来源，包括新颖性、效率、互补和锁定效应。商业模式描述了价值来源和价值实现系统，这与具体的产品和服务有显著差异。商业模式的研究很快得到扩展，进入了创业研究和战略研究领

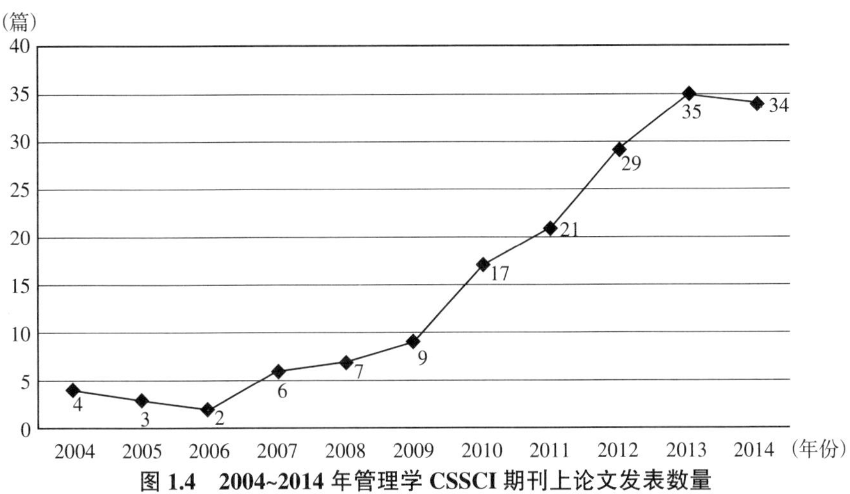

图 1.4　2004~2014 年管理学 CSSCI 期刊上论文发表数量

资料来源：作者根据 CSSCI 数据库收录的管理学期刊检索结果整理。

域。价值创造一直是创业研究关注的重要问题，而战略学者将商业模式作为新的分析单位。强调通过整体分析来分析价值创造的影响。商业模式视角与产业组织视角以及基于资源观点不同的是，其更关注价值创造和获取的机制而不是竞争优势。战略学者致力于分析企业为什么有差异，将企业作为分析单位，主要关心价值获取和竞争优势。创业研究更多关注创业者和机会之间的互动关系，关注创业者如何通过发现、创造和开发机会创造价值。商业模式关注价值创造和价值获取两个方面，能够在多个方面扩展战略研究。

以往研究从不同视角分析商业模式，Chesbrough 和 Rosenbloom（2002）提出商业模式是连接技术潜力和市场结果的中间机制。Zott 和 Amit 在此基础上，进一步将商业模式看作是跨界交易和活动系统。Afuah 和 Tucci 将商业模式看作是动态的活动系统。Casadesus-Masanell 和 Ricart 强调企业必须在各个活动系统要素中进行恰当的选择。Demil 和 Lecocq 强调商业模式创新过程是各个要素寻求一致性的演化过程。尽管很多学者和企业家都认识到商业模式创新的重要性，对商业模式创新进行了广泛的讨论，但目前对商业模式创新的理论研究深度仍然不够。Demil 等（2015）在对商业模式的研究论文进行回顾时指出，“尽管大量论文都讨论商业模式，但结构清楚而严谨的论文相对较少（尤其是理论构建和实证论文）”。

由于受商业模式本身研究的局限，商业模式创新的研究进展也很缓慢。首先，商业模式创新与企业绩效的关系仍然未得到统一的结论。其次，对驱动商业模式创新的要素仍然缺乏深入分析。驱动因素方面，当前研究主要从网络惯性、组织学习和内部资源特征角度对影响商业模式创新的要素进行案例分析。其中，更多的学者从组织学习角度对商业模式创新进行研究。这些研究都沿用了研究创新的传统思路，认为驱动创新的最主要的动力是组织学习。然而，这些研究尚未细致地识别不同类型的学习究竟如何推动商业模式创新。动态能力的研究也未能识别与商业模式创新相匹配的能力类型。以往研究的缺陷主要体现在以下方面：

1.2.1 以往研究未能结合转型情景识别影响商业模式创新与企业绩效关系的环境特征

商业模式创新与企业绩效的关系是商业模式创新研究关注的重要问题。该问题的答案是商业模式创新研究的前提条件。然而，到目前为止，当前研究仍然没有对这个问题得出一致的结论。由于商业模式关注价值创造和价值获取两个方面，以往文献也主要从两个角度开展分析。价值创造流派认为，商业模式本身反映了企业的价值创造来源和执行体系。商业模式创新能够帮助企业对现有资源进行利用，为企业找到新的价值主张，通过外部利益相关者的合作来共同提高价值创造的总量。因此，商业模式创新与企业绩效之间存在显著的正相关关系。这一观点在 2007 年及 2008 年 Amit 和 Zott 的研究中得到证实。然而，也有学者指出，与技术创新相比，商业模式创新的收益更加难以保护。技术创新往往可以采用正式的知识产权保护收益，而商业模式创新却很难。商业模式创新不仅需要考虑价值创造，还需要考虑价值获取。商业模式创新尽管能够提高创造价值的总量，但由于商业模式创造价值的过程是顾客、供应商、合作伙伴等共同创造的，外部合作伙伴会分享价值。企业是否能够获取商业模式创新带来的收益还受到可模仿性、中心企业在整个商业模式合作过程中的地位等要素以及所在环境条件的影响。因此，该流派的学者提出，商业模式创新与企业绩效的关系需要分析外部的环境条件。

尽管以往研究已经指出，商业模式创新与企业绩效的关系受到外部环境条件的影响，但以往的研究更多关注竞争环境而对制度环境关注较少。然而，制度环境对商业模式创新与企业绩效之间的关系有显著影响。由于商业模式创新本身是多主体跨界合作的系统，多主体的跨界合作自然受到交易成本的影响。而根据制度理论，制度环境本身决定了社会交易系统中交易成本的大小。因此，商业模式创新与企业绩效之间的关系受到制度环境的深刻影响。验证这一影响需要学者找到制度环境变化较剧烈的实证环境，而中国作为制度转型过程中的国家为该研究提供了匹配的实证环境。可以往研究未能结合中国的制度转型环境特征，进一步检验商业模式创新与企业绩效的关系，以及影响两者关系的转型环境特征。

1.2.2 研究未能有效识别促进商业模式创新的外部学习方式

商业模式创新的研究才刚刚起步，对促进商业模式创新的要素仍然缺乏研究。以往研究更多地从学习视角进行探索。商业模式创新作为组织学习的演化过程，受到学习方式的影响。更多的学者依赖传统的学习理论，认为演化的过程受到路径依赖和惯性的影响。商业模式创新的主要障碍是破除既定资源和流程带来的惯性阻力。然而，这些研究未能进一步探索如何能够更快地破除这些阻力。更重要的是，这些研究更多地将注意力集中在内部组织学习，而开放环境下传统的创新组织方式已经发生重大变化。封闭的组织方式正逐渐向开放组织方式转变。开放环境下，内部学习已经不能描述企业的学习环境和学习方式。外部学习作为开放环境下驱动商业模式创新的重要因素却缺少深入探讨。从研究方法看，大多数研究也仅仅停留在简单的逻辑分析上，缺少坚实的理论基础和定量的实证分析。

就商业模式本身的跨界合作特征来看，商业模式创新很难采用封闭的创新方式。商业模式本身的开放合作特征决定了外部学习比内部学习对商业模式创新更重要。不论是内部学习还是外部学习都需要学习成本。由于资源的有限性，企业需要明确哪种学习方式有利于推动商业模式创新。这需要学术研究方面明确不同类型的学习方式与商业模式创新的关系。然而，目前的研究对该问题缺乏深入分析。

1.2.3 以往研究对如何塑造动态能力来提高外部学习对商业模式创新的影响缺乏深入分析

以往研究也从动态能力角度探讨商业模式创新。商业模式作为活动系统自然需要资源支持。改变商业模式自然需要改变支撑活动系统的资源组合。动态能力作为改变内部资源组合的重要力量对商业模式创新有潜在影响。然而，动态能力角度的研究错把动态能力本身作为模型的外生变量。尽管商业模式创新需要动态能力，但动态能力并不能作为商业模式创新的原因。动态能力高的企业不一定会直接促进商业模式创新，动态能力更多地应该作为辅助变量，帮助企业实现商业模式创新。以往研究发现，学习能够促进商业模式创新，然而对如何塑造能力体系来降低学习成本、促进学习与商业模式创新之间的关系缺乏深入分析。针对商业模式创新而言，不仅需要改变内部资源组合的内部动态能力，更需要重塑合作网络的外部动态能力。以往动态能力的研究更多地关注内部动态能力，最近才逐渐关注外部动态能力的影响。目前在商业模式创新研究领域，未能针对商业模式创新的需要，区分不同类型的内、外部动态能力，以及分析两种动态能力是如何与外部学习方式匹配来提高商业模式创新的。

1.3 研究的主要问题、内容及框架

根据以上讨论，在网络化环境下，商业模式创新成为竞争优势新的来源。众多企业也试图通过改变既定的商业模式来实现竞争突围。然而，限于目前的研究现状和中国商业模式创新的探索阶段，中国企业仍然无法根据具体的竞争环境特征寻找到适合的商业模式创新类型。另外，由于受到既定资源和学习模式的限制，更多中国企业对如何在开放学习环境下、通过有效的外部学习识别商业模式创新的机会、构建新的商业模式缺乏经

验。商业模式创新的道路上，中国企业由于长期执着于资源竞争，动态能力不足，给新商业模式的构建带来更大的风险和挑战。这些问题在目前的研究中仍然难以找到可参考的指导性结论。首先，目前商业模式创新的研究深度仍然较弱，对商业模式创新与环境类型之间的匹配关系仍然不够清楚。对商业模式创新提高绩效所依赖的外部条件仍然不够清楚。其次，未能确定何种方式的外部学习更能推动商业模式创新。最后，对商业模式创新过程中动态能力的类型和作用方式仍然缺乏深入研究。更重要的是，目前商业模式创新的研究更多的是案例分析，难以得出有效的一般结论。因此，根据对中国企业商业模式创新遇到的挑战，以及理论研究的不足，本书主要研究以下问题和内容：

（1）分析商业模式创新对企业绩效的作用依赖的环境条件。解决以往关于商业模式创新与企业绩效关系争论的有效途径是通过权变视角识别不同类型商业模式创新促进绩效所依赖的环境条件。研究分析检验不同类型的商业模式创新在不同环境下对企业绩效的影响。针对中国企业的竞争环境，探索在不同环境特征下哪种商业模式创新更有利于促进企业绩效。本书有利于中国企业根据具体的环境特征，选择适合自己的商业模式创新方向，也有利于通过识别环境条件扩展当前的研究。

（2）分析外部学习对不同商业模式创新的影响。在开放学习环境，识别有效推动商业模式创新的学习方式能够弥补以往研究的缺陷。本书根据学习范围将外部学习进一步区分，并在此基础上分析不同学习方式对商业模式创新的影响。本书有利于帮助中国企业寻找有效推动商业模式创新的外部学习方式，也可弥补以往研究的不足。

（3）分析不同类型动态能力对外部学习与商业模式创新关系的调节作用。针对商业模式创新的特点，将动态能力进行细致分类，并分析动态能力对外部学习与商业模式创新关系的调节作用。试图发现不同学习方式和不同动态能力在推动商业模式创新方面的匹配关系，为企业构建匹配的动态能力提供有利的参考。

根据以上研究问题和内容，本书在介绍研究背景的前提下对相关理论进行总结分析，并对以往学者对本书研究问题的相关研究进行总结整理。

在总结以往研究的基础上，根据理论分析提出本书的理论模型及其假设，设计测量指标，开展问卷调查；利用统计软件对本书提出的假设进行检验，在对研究结果的讨论和总结的基础上，概括研究结论，揭示研究结论的现实意义和理论意义。

根据本书的研究思路，本书的研究框架如图 1.5 所示。

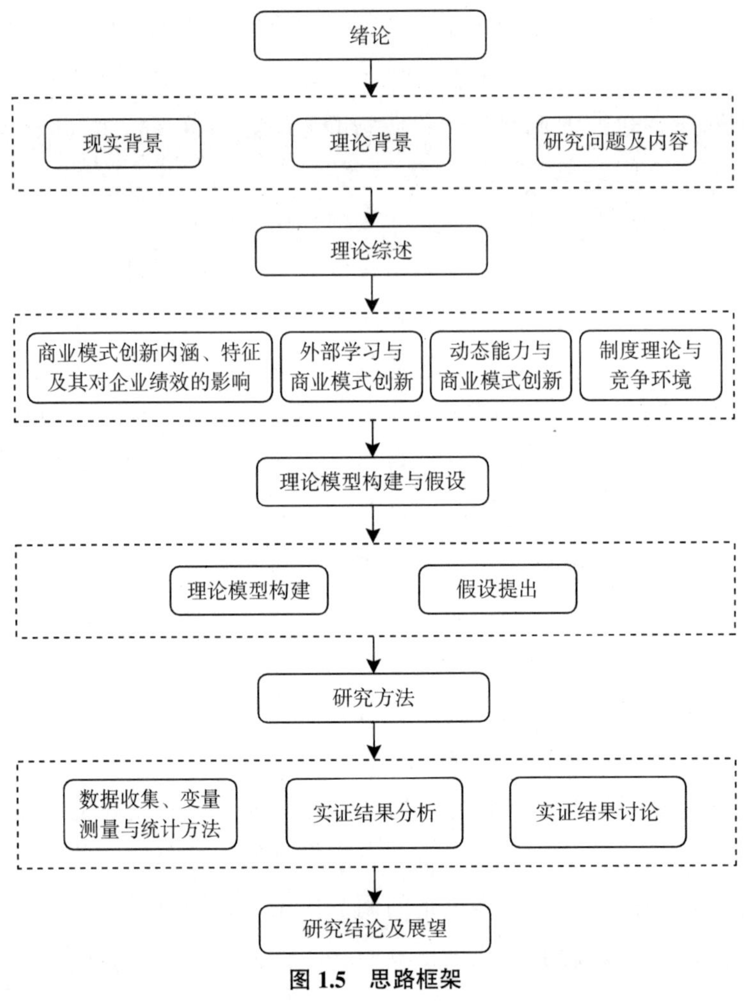

图 1.5 思路框架

第 1 章，本书介绍目前中国企业的环境，总结商业模式特征，分析创新挑战及成因。在此基础上，把针对现实问题的理论研究进行总结，介绍相关理论背景，进而阐明本书的研究问题，阐明本书的研究意义。

第 2 章，总结与本书相关的理论，为研究提供理论基础。结合本书的研究目的和研究问题，对商业模式创新的研究现状、外部学习与创新的相关研究、动态能力理论、制度理论进行了总结梳理。对商业模式的内涵、要素、商业模式创新的分类，以及商业模式创新对企业绩效的影响方面进行详细梳理，总结了商业模式创新研究的不足。总结了外部学习的基础理论以及外部学习对创新的研究，总结动态能力的基本观点和制度理论的基本原理，为理论模型的构架提供了有力的理论支撑。

第 3 章，在对以往商业模式创新、组织学习、动态能力理论以及制度理论进行总结分析的基础上，构建理论模型。在相关理论的基础上，分析行业内学习与行业外学习对两类商业模式创新的影响；分析内部资源重构能力和联盟管理能力的调节作用以及两类商业模式创新创造绩效需要的外部环境条件。在分析推理的基础上，提出反映概念之间关系的理论假设。

第 4 章，本章在研究的过程中，数据样本的确定，在构建概念模型、提出理论假设的基础上，数据的收集检验、实证研究方法进行介绍。首先，本章对数据筛选标准、问卷设计、收集和整理过程进行简要叙述，对收集得到的数据进行了偏差检验。其次，对各个变量的构成以及测量指标进行详细介绍，对测量信度和效度进行了检验。最后，本章简要介绍了实证分析方法。

第 5 章，实证检验数据的分析结果。首先，本章对通过调研获取的数据进行整体描述，介绍各个变量的大致分布特征。其次，本章将描述假设检验的模型及结果，进行必要的解释。

第 6 章，本章主要是对验证结果的讨论，进一步解释有关假说，并深入讨论模型分析结果的含义。首先，对研究结果进行逐个讨论，结合管理实践分析这些研究结果的实践意义。其次，通过对比理论假设及以往的研究讨论、研究结果的理论意义，以及研究中所存在的局限性。最后，指出未来需要进一步研究的内容。

第 7 章，本书的结论部分，简要总结了本书的研究结论和创新点。

2 理论综述

2.1 商业模式创新的内涵、特征及其与企业绩效的关系研究

随着网络的普及和经济全球化，企业获取竞争优势的着眼点逐渐从产品竞争向模式竞争转变。互联网带来的跨界竞争让更多企业和学者开始重新思考价值创造的本质。越来越多的学者意识到原来的价值链已经无法刻画价值创造的全部内容。因此，Amit 和 Zott（2001）在分析互联网环境下价值创造特征的基础上，正式提出了商业模式的概念。认为在互联环境下，商业模式本身成为价值创造源泉。之后战略管理方面的著名学术期刊 *Long Rang Planning*、*Strategic Organization* 以及创新管理方面的 *R&D Management* 都在 2010~2014 年连续开辟专题分析商业模式的研究，其中 *R&D* Management 在 2013 年和 2014 年连续两年对商业模式的研究进行征稿。然而，就目前的研究现状看，商业模式创新仍然是讨论多、研究少的领域。尽管商业模式创新伴随信息技术的蔓延逐渐走红，成为众多管理者和学者熟悉的概念，然而若问及商业模式的本质、商业模式的前因后果、商业模式创新推动企业绩效的环境条件等问题，仍然众说纷纭。当前研究对这些问题仍然缺乏深入分析，商业模式创新仍然属于表面讨论较多、深入研究较少的领域。

2.1.1 商业模式的内涵及其构成要素

商业模式的概念最早起源于电子商务领域，之后逐渐扩展到创新管理领域和战略管理领域。尽管从 2002 年就有学者系统分析了电子商务领域商业模式的特点和类型，但在创新和战略管理领域，商业模式的研究才刚刚起步。对商业模式的概念、内涵、要素及其类型缺乏统一的界定和认识。

2.1.1.1 商业模式的内涵

众多学者虽然对商业模式进行了诸多分析，然而只有部分研究对商业模式进行了定义。总体来看，商业模式的定义也有很大差异，以往学者的文献将商业模式定义为一个陈述、描述、声明、架构、概念模型、结构化模板、方法、框架、模式和集合。这些学者对商业模式内涵的界定主要分为四大类型：收入模式、跨边界交易结构、价值创造系统、组织预期和组织成功的描述工具。具体的定义如表 2.1 所示。

表 2.1 商业模式的定义

作者（年份）	商业模式的定义
Timmers（1998）	商业模式是"产品、服务和信息流的架构，包含对各个商业主体及其角色的描述，对各个商业主体潜在利益的描述，收入来源的描述"
Amit and Zott（2001）；Zott and Amit（2010）	商业模式描述了"为了通过开发商业机会来创造价值而设计的交易内容、交易结构和交易治理"。后期的研究中，两位学者改进了商业模式的定义：商业模式是跨越主体企业边界的创造价值的行为系统
Chesbrough and Rosenbloom（2002）	商业模式是连接技术潜力与经济价值实现的启发式逻辑
Magretta（2002）	商业模式是一个解释企业如何运作的故事。好的商业模式回答德鲁克的老问题：谁是顾客？顾客看重什么？也能回答每个经理人必须要回答的基本问题：我们的生意怎么挣钱？解释我们如何在适当的成本下为顾客创造价值的经济逻辑
Morris et al.（2005）	商业模式是一系列相关决策变量的简明陈述，陈述企业在界定市场里如何创造竞争优势相关的战略、架构和经济要素。包括六个核心要素：价值主张、顾客、内部过程/能力，外部定位、经济模型和个人/投资者
Johnson，Christensen and Kagermann（2008）	商业模式包括创造和传递价值的四个相互联系的要素：顾客价值主张、利润公式、关键资源和关键过程
Casadesus-Masanell and Ricart（2010）；Teece（2010）	商业模式反映了实现的战略；商业模式阐明了支持顾客价值主张以及收入和成本结构的逻辑、数据和其他证据

续表

作者（年份）	商业模式的定义
Cavalcante et al.（2011）	核心可重复流程的概念框架
George and Bock（2011）	追求商业机会的组织结构
Casadesus-Masanell and Zhu（2013）	企业为利益相关者创造价值并获取价值的核心逻辑；商业模式创新是指寻找创造价值和获取价值的新逻辑和新方法的活动
Baden-Fuller and Mangematin（2013）	高管（和学者）能够操作的认知组合（Configurations）
Baden-Fuller and Haefliger（2013）	解决目标顾客的问题从而获取价值的系统

总体来看，研究认为商业模式具有以下特征：

（1）商业模式具有系统性特征。研究一致认为商业模式不是价值主张、不是产品和服务、不是收入模式、不是资源和能力本身，而是它们的架构和组合。Zott 和 Amit（2010）认为商业模式是交易内容、结构和治理方式形成的活动系统，内部各个要素相互依赖。尽管有不同的界定，但都强调商业模式是相互依赖的多个要素构成的系统。白宏（2012）也认为，商业模式本质上具有显著的系统特征。商业模式是多个相互依赖的要素构成的价值创造和收益获取的系统，是不同于产品、服务、工艺、收入模式、内部组织结构等要素的新的分析对象，是企业竞争优势的新来源。

（2）商业模式具有跨边界的网络性。以往研究都认为，商业模式涉及企业、顾客、供应商、合作伙伴、政府、同行等多个利益相关者，是多主体参与的网络系统。第一，商业模式通过整合多个利益相关者主体来创造和获取价值，参与商业模式的利益相关者主体之间存在相互依赖的利益关系。因此，商业模式具有典型的网络嵌入性，改变商业模式往往需要打破现有的价值网络，构建新的价值网络，这个过程受到网络惯性和内部组织惯性的深刻影响。商业模式是新的跨越原来分析单位的新分析单元。有些学者把商业模式看作企业，其他学者把商业模式看作网络，有些学者看作是嵌入在企业和网络之间。第二，研究商业模式的学者采用了整体和系统观点，不仅包括生意是什么还包括是怎么做的，既包括生意的内容也包含了做生意的过程。第三，很多学者把活动，例如过程、交易、功能作为商业模式的一部分，把商业模式当作以企业为中心跨边界的活动系统。第四，商业模式同时关注价值创造和价值获取。Zott 和 Amit（2010）、陈玉锋（2008）、沈永言（2011）指出商业模式同时关注价值创造和价值获取，而不是单独关注其中之一。尽管这些研究从不同角度界定商业模式，但都一致认为商业模式具有跨边界的网络特征。

2.1.1.2 商业模式的构成要素

对商业模式构成要素的分析最早始于电子商业模式的研究。电子商务领域对商业模式的研究主要围绕两个流派展开：一个流派致力于描述一般的电子商业模型并进行分类；另一个流派致力于识别商业模式的构成要素。除了通过各种方式对商业模式进行分类外，还有很多学者关注电子商务模型的核心要素。众多战略学者开始将电子商务领域的商业模式概念逐渐扩展到创业企业和一般企业，对商业模式的构成要素进行了更一般性的分析。研究创新的众多学者也开始关注商业模式在技术商业化方面的作用，并针对性地分析了商业模式的构成要素。表 2.2 总结了电子商务、战略和创新、创业三个领域的学者对商业模式要素的分析。

表 2.2 商业模式的核心要素

学派	作者（年份）	要素
电子商务	Mahadevan（2000）	①合作伙伴和顾客网络的价值流；②收入流（业务的收入产生来源和计划）；③物流（与供应链相关的各种问题）
	Stewart and Zhao（2000）	① 利润流（收入和成本结构）；②顾客选择；③价值获取；④差异化和战略控制
	Afuah and Tucci（2001）	①要素之间的系统联系；②顾客价值；③收入来源
	Alt and Zimmerman（2001）	①使命；②结构；③过程；④收入；⑤法律问题；⑥技术
	Applegate（2001）	① 概念；②能力；③价值
	Rappa（2001）	①可持续性；②收入流；③成本结构；④价值链定位
战略	Osterwalder（2005）	①价值主张；②顾客细分；③合作网络；④分销渠道；⑤收入流；⑥客户关系；⑦核心资源；⑧成本结构；⑨业务
	Bonaccorsi，Giannangeli and Rossi（2006）	①产品和服务；②顾客；③成本结构；④收入
	Baden-Fuller and Mangematin（2013）	①识别顾客；②价值主张；③收益；④价值链与连接

续表

学派	作者（年份）	要素
战略流派	Zott and Amit（2001，2007，2008，2013）	①价值主题；②价值创造的行为系统（结构、内容、治理）
创新、创业流	Morries et al.（2005）	① 如何创造价值；②为谁创造价值；③竞争力来源；④如何竞争；⑤如何盈利；⑥目标体系
	George and Bock（2011）	① 价值结构；②资源结构；③交易结构
	Baden-Fuller and Haefliger（2013）	① 顾客；②价值主张；③价值传递和链接
	Bohnasack，Pinkse and Kolk（2014）	① 价值主张；②价值网络；③收入和成本模式

2.1.2 商业模式创新及其分类

对商业模式创新，目前学者比较统一的定义是“寻找价值创造和价值获取的新方法”（Teece，2010）。一些学者根据具体的情境界定商业模式创新。例如，研究运作的学者认为，服务型制造是制造业普遍采用的商业模式创新方式。以服务化作为新商业模式，研究推动商业模式创新的要素。而研究电子商务的学者则主要关注电子商务企业具体的商业模式创新类型。例如，Ritala 等（2014）针对亚马逊的案例分析总结了三种商业模式创新。Tapscott、Lowy 和 Ticoll（2000）提出，按照网络为中心和价值为中心两个维度区分了五种新的商业模型。Rappa（2001）按照价值主张的特征和收入模式进行分类。Weill 和 Vitale（2001）描述了所谓的八个商业模式原型，任何一种商业模式可以是八个商业模式原型的组合。Applegate（2001）描述了六个电子商务模型。Torbay 等（2002）提出了商业模式分类的基本维度：用户的角色、互动模式、提供产品/服务的性质、定价系统、定制化程度和经济控制。郭毅夫（2009）将商业模式创新区分为价值主张创新、价值创造模式创新、价值传递模式创新和价值获取模式创新等。Linder 和 Cant rell（2000）从创新要素维度对商业模式创新进行了划分。他们将商业模式创新划分为挖掘型、调整型、扩展型和全新型四种。挖掘型商业模式创新强调将现有商业模式的潜力最大化；调整型商业模式创新强调通过开发新的能力和重新组织产品等要素的组合提高性价比；扩展型商业模式创新强调将现有的商业逻辑向新的领域扩展；全新型商业模式创新强调设计全新的商业逻辑来实现价值创造。Clausen 和 Rasmussen (2013) 的实证研究针对大学衍生企业的分析并总结了咨询与技术服务、技术开发、产品开发、软件开发四种新商业模式。这些研究对商业模式创新界定和分类虽然比较具体，能够较为详细地描述商业模式创新的细节，但研究的外部效度较差。由于结论局限于案例分析的企业，研究结论的规律性不明显。例如，针对亚马逊的研究结论难以为其他企业带来借鉴意义。因此，研究更需要从具体现象的限制中跳出来，总结各类商业模式创新的总体特征。

有些学者更加关注商业模式创新的一般特征，根据商业模式的一般特征进行分类。Osterwalder (2004 , 2007) 从总体创新程度出发，将商业模式创新按照创新程度的高低划分为存量型、增量型和全新型三类。所谓存量型商业模式创新是指企业将现有商业模式进行改进来商业化类似的产品和服务，对商业模式的本质不做大的调整；而增量型商业模式创新强调在现有商业模式中增加新的商业要素。尤其是现有商业要素中存在明显短板的企业，需要引入新的要素而实现商业模式创新。全新型商业模式创新的创新程度最高，需要重新设计商业逻辑和商业要素的组织形式。Mahadevan (2000) 从商业模式创新程度和可持续性两个维度区分商业模式创新。首先，将商业模式创新企业区分为领导者、趋势创造者、新进入者、模仿者和跟随者；其次，Mahadevan 进一步提出不同类型的企业适合开展不同类型的商业模式创新。研究认为，行业领导者由于能够掌控产业链，应该重新整合资源实现范围经济来锁定现有用户，提高现有客户的转换成本；与行业领导者不同，新进入企业应该立足于全新的价值主张来创造新的商业模式。

陈彦恺 (2010) 从破坏创新角度对后发企业的商业模式创新进行研究，将商业模式创新分为维持性创新和破坏性创新两类。维持性创新是一种渐进的创新方式，旨在提高现有商业模式的效率，在不改变现有商业模式核心内容的前提下，提高现有商业模式内部一致性，从而更好地为既定的顾客服务。这种商业模式创新对目标市场、价值主张、核心资源、合作结构等商业模式要素不进行结构性的改变，而是在完善这些要素和要素之间配合关系的基础上提高现有商业模式的效率。这种创新是渐进性和改良性的，能够更好地为现有顾客服务，却也容易带来惯性。与维持性商业模式创新不同的是，破坏性商业模式创新从价值创新出发，彻底改变现有的商业逻辑，改变价值创造和价值获取的方式。这种改变不是对既定商业模式要素的完善，而是对结构和要素的彻底重组。这种破坏性的商业模式创新可以从非主流市场定位、顾客的新需求以及新技术创造的机会入手，逐渐颠覆现有的商业模式，创造在位企业难以模仿和超越的竞争优势。与维持性创新相比，破坏式创新的不确定性更高，潜在收益更大，非连续性更强。同时，采用案例研究总结了破坏式商业模式创新的步骤，认为破坏式商业模式创新首先要从对在位者没有吸引力的利基市场开始，推出运营成本较低的新商业模式，在利基市场上完善商业模式，最后将商业模式复制到其他市场上。

最具代表性的是 Zott 和 Amit 的研究。Zott 和 Amit 认为，商业模式创新是指寻找创造价值和获取价值的新商业逻辑方式的活动。他们的研究并没有从具体企业或行业来界定商业模式创新，而是用一般特征描述商业模式创新。两位学者最早在 2001 年根据商业模式价值主题区分商业模式创新：效率、新颖、锁定和互补。然而，该研究的背景局限于电子商务背景下，2007 年发表在 *Organizational Science* 上的研究中，两位学者跳出电子商务背景，将研究对象拓展到了创业企业。分析了商业模式创新对企业绩效的影响以及环境特征的调节作用。Zott 和 Amit（2007）基于构型理论认为，商业模式是交易内容、结构、治理要素的组合，认为商业模式创新可以分为两类：效率型商业模式创新和新颖型商业模式创新。效率型商业模式创新是指致力于降低交易成本的商业模式。效率型商业模式创新经常是在现有的商业模式基础上进行改进，主要通过降低信息不对称、降低交易复杂度、降低交易差异差错等改进商业模式。新颖型商业模式创新是指采用新的交易方式。例如，连接新的交易主体、以新方式与现有合作者开展交易、设计新的交易机制等。2008 年两位学者发表在 *Strategic Management Journal* 上的研究，进一步将研究从创业企业扩展到所有类型企业中，Zott

和 Amit 从 1996 年到 2000 年上市的来自欧洲和美国的 300 家企业中，选择了 170 家上市企业作为样本，进一步验证了效率型商业模式创新和新颖型商业模式创新分类的有效性。在 2010 年和 2013 年发表的论文中，两位学者进一步区分了效率型商业模式创新和新颖型商业模式创新。Habtay（2012）提出商业模式创新可能是市场驱动型的也可能是技术驱动型的，将商业模式创新区分为两类。市场驱动型商业模式创新是指技术复杂性低而着眼于价值主张和价值定位创新的商业模式创新。技术驱动型商业模式创新是指借助新技术的扩散，依赖复杂技术构建的商业模式。

总体来看，学术界对商业模式创新的分类仍然处于探索阶段，而对商业模式创新的描述性分析较多，对商业模式创新的分类主要依赖要素创新和整体特征。根据创新的要素划分商业模式创新更多地强调商业模式哪个要素进行了创新，能够具体体现商业模式创新内容。然而这种界定商业模式创新方式往往难以与具体要素的研究区别开来，例如，销售模式创新难以和原来的营销创新区别，流程创新和原来的流程重组无法区分等。这种划分方法难以体现商业模式的系统性和网络性特征，只是名义上的商业模式创新。

比较而言，基于商业模式整体特征的创新分类更能够体现商业模式创新的实质。近年来，更多商业模式创新的研究倾向于根据商业模式的一般特征来描述，以提高理论研究的深度和研究结论的外部效度。然而，大多数研究主要依赖案例分析对商业模式创新程度进行区分，未能检验这种描述性分类的准确性和效度，也未能检验不同特征的商业模式创新度对企业绩效的影响。仅有 Zott 和 Amit（2007，2008）发表在 *Organization Science* 和 *Strategic Management Journal* 的研究不仅根据创新程度对商业模式创新进行了划分，还设计测量指标并进行了信度和效度检验，验证了商业模式创新对企业绩效的关系。

2.1.3 商业模式创新对企业绩效的影响研究

2.1.3.1 价值创造视角的商业模式创新与企业绩效关系研究

价值创造角度的研究主要关注商业模式创新如何通过创造价值来提高

企业绩效。然而，对商业模式创新与企业绩效关系的研究主要是依赖理论分析和案例分析，大样本的实证研究相对较少。在理论方面，Amit 和 Zott（2001）发现，价值创造的焦点已经超越企业和行业边界，关注单独的价值创造机制无法解释总体的价值创造。他们总结了商业模式创造价值的四种来源：①新颖性；②锁定；③互补性；④效率。Hamel（2000）认为，在“变革时代”，新商业模式是价值创造的重要途径。商业模式扩展了公司的资源，覆盖了供应商、合作伙伴、分销渠道和其他合作关系。根据价值创造的驱动力，Amit 和 Zott（2012）提出商业模式创新可以通过四种途径创造价值：新颖性、效率、锁定和互补效应。新颖性是指新的商业模式可能为企业增加全新的商业活动，例如通过前向和后向整合。效率是指通过商业模式创新实现交易成本的降低。锁定是指各个利益相关者在新的商业模式中能各取所需，一旦进入就会愿意参与到新的商业模式中而不愿离开。互补效应是指商业模式活动之间相互加强的效应。Thompson 和 MacMillan（2010）提出，商业模式价值创造机制往往超出了熊彼特创新、价值链重构、战略合作网络的形成、核心能力开发等价值创造机制。

实证研究也为价值创造观点提供了一些证据。Zott 和 Amit（2007）实证分析了创业企业商业模式设计对企业绩效的影响。他们认为商业模式是指与外部主体的跨边界交易的集合。研究认为，商业模式创新能够通过提高价值创造和从中获益的能力，从而促进创新绩效。商业模式的改变要么能够加强顾客购买意愿，要么能够通过提高交易效率降低供应商和合作伙伴的机会成本。商业模式对绩效的影响也决定于竞争性商业模式的竞争力。因此，当商业模式创新创造了新的价值，又没有降低相对利益相关者的讨价还价能力时，商业模式创新就会影响企业绩效。新颖性商业模式创新要么创造了新的市场，要么创造了新的交易方式。例如，Dell 创造了面向顾客的直销模式从而替代了传统的销售模式。不仅如此，商业模式创新能够在要素和产品市场之间建立新的连接方式。商业模式创新能为企业带来租金，商业模式创新程度越高，顾客、供应商、合作伙伴等企业相关主体的转换成本就越高，因为这些主体没有合适的替代，相应地，企业的议价能力也就越强。Clausen 和 Rasmussen（2013）利用大学衍生企业的实证分析探讨了商业模式多样性对技术创新的影响，研究认为商业模式是技术和商业结果的中间环节。研究在演化理论的基础上，指出采用多目标的商业模式和多种商业模式的企业技术创新的突破性更强。Markides 和 Sosa（2013）采用案例分析发现，商业模式设计有利于企业实现先动优势，帮助后进企业追赶先动企业。Suarez 等（2013）以服务型商业模式为载体分析了服务占比对企业绩效的影响。研究发现了非线性的关系，提出过度的服务会导致企业绩效下降。

价值创造方面的国内研究也以理论分析、案例研究为主，分析商业模式创新对企业绩效的作用。罗珉、曾涛、周思伟（2005）提出，商业模式创新通过提高熊彼特租金。曾涛（2006）分析认为，商业模式创新是企业核心竞争力。孙永波（2011）提出，商业模式创新帮助企业提高竞争优势。王瑜（2011）通过对团购网站商业模式的分析认为，商业模式创新对竞争优势有促进作用。程愚等（2012）发现，商业模式创新能够帮助企业提高运营绩效，从而提高企业绩效。胡保亮（2012）分析了商业模式创新与技术创新对企业绩效的共同作用。研究以在创业板上市的 58 家企业作为样本，分析了技术创新、商业模式创新以及它们的交互作用对企业绩效的作用。研究发现，商业模式创新与技术创新对企业绩效有不同的作用。商业模式创新只是促进营业收入增长，而技术创新只是促进企业利润增长，只有两者的交互效应才对营业收入增长、利润增长都有促进作用。这说明，技术创新与商业模式创新在提高创业企业绩效方面有很强的互补作用。为了提高企业绩效，企业需要同时开展技术创新和商业模式创新。闪烁（2010），姚伟峰、鲁桐（2011），李东红、李蕾（2010），张玉利、田新、王晓文（2009），荆浩、贾建锋（2011）等分别针对联想集团，怡亚通股份，尚德股份，麦乐送和立思辰等公司的案例分析发现，商业模式创新对企业绩效有促进作用。李东（2006），刘毅、谈力（2012），原磊（2009）从产业层面分析认为，商业模式创新不仅对企业有促进作用，而且对产业也会有推动作用。龚丽敏（2013）通过对中国制造业企业的实证分析发现，新兴经济背景下商业模式对企业成长有显著影响。表 2.3 总结了基于价值创造视角的商业模式创新对企业绩效影响的研究。

表 2.3 基于价值创造视角的研究

作者（年份）	绩效内容	影响	研究类型
罗珉、曾涛和周思伟（2005）	熊彼特租金	正	逻辑分析
程愚等（2012）	运营绩效，财务绩效	正	逻辑分析
胡保亮（2012）	企业绩效	正	58 家企业，实证
Giesen et al.（2007）	销售、利润和现金	正	理论分析
Afuah（2004）	企业绩效	正	理论分析
Afuah and Tucci（2001）	企业绩效	正	理论分析
Seelos and Mair（2007）	创造价值	正	理论分析
Amit and Zott（2001）	新颖性、效率、锁定和互补效应	正	理论分析
Hamel（2000）	创造价值	正	理论分析
Amit and Zott（2012）	新颖性、效率、锁定和互补效应	正	理论分析
Chesbrough and Rosenbloom（2002）	企业成长	正	案例分析
Johnson and Suskewicz（2010）	创造价值	正	理论分析
Zott and Amit（2007）	企业绩效	正	实证研究

目前，根据价值创造角度分析认为，要提高绩效首先要创造价值，商业模式创新能够通过创造价值提高企业绩效。Amit 和 Zott（2001，2012）更明确地解释了商业模式创新创造价值的内部机理，认为商业模式创新通过创造新颖性、效率、锁定和互补效应创造价值。然而，这些研究存在如下缺点：第一，这些研究主要以理论分析和案例分析为主，商业模式创新与企业绩效之间是否存在这种显著的正向关系，还缺乏定量化的实证研究。国内的研究主要通过案例和逻辑分析重复性地复制国外的观点，很少有研究开展定量化的实证分析。第二，研究并没有分析是否所有类型的商业模式创新都能创造价值，更没有结合中国转型特征进行针对性的分析。第三，这些研究假定商业模式创新只要能创造价值就能够提高绩效，然而，这一假定缺乏合理性。创造价值并不一定能够保证获取收益。

2.1.3.2 收益攫取视角的商业模式创新与企业绩效关系研究

该部分研究认为，价值创造并不能够保证企业能够从商业模式创新中获益。Zott 和 Amit（2007）分析认为，收益的获取不仅取决于价值创造还取决于企业从商业模式创新中受益的能力。他们研究了商业模式创新对企业绩效的影响，还研究了环境条件对影响商业模式设计与企业绩效之间的关系的调节作用。研究认为，在环境包容性高的情景下，企业更容易与掌控资源其他利益相关者进行协调，企业更容易获得实施新商业模式需要的互补性资源。Zott 和 Amit（2008）分析认为，企业能否从商业模式创新中受益取决于企业采用的战略类型。发现重视新颖性的商业模式与差异化或低成本战略相互匹配，并且与新进入市场战略匹配共同提高企业绩效。其他的关于商业模式与企业绩效关系的研究来自管理实践和咨询公司。Kastalli 和 Looy（2013）分析了制造业的服务商业模式创新对企业绩效的影响，发现尽管众多企业采用相似的服务化商业模式，但其绩效却不尽相同，企业需要提高商业模式内部要素的互补性才能够提高绩效。郭毅夫（2009）发现，并不是所有的商业模式创新对企业竞争优势都有促进作用。研究发现，市场需求不确定和技术不确定对商业模式创新与竞争优势之间的关系有显著的调节作用。环境动态性越强，商业模式创新与竞争优势之间的关系越强。研究系统分析了组织学习对商业模式创新的影响，发现知识共享、开放心智、共同愿景对商业模式创新有显著影响。

Casadesus-Masanell 和 Zhu（2013）关注了商业模式的保护问题，研究分析了在什么环境下，新进入者才能够从商业模式创新中获益。研究关注了基于赞助商的商业模式创新。基于赞助商的商业模式即通过赞助商实现产品收益而不是通过销售实现收益的商业模式。研究采用数理模型分析认为，在位企业可能会对新进入者的商业模式产生不同的反应，新进入企业在决定采用新商业模式时需要充分考虑在位者的反应。Desyllas 和 Sako（2013）也分析了如何从商业模式创新中获益的问题。采用 Teece 提出的框架分析了专利保护、版权、商标、商业秘密、利益攫取制度对商业模式收益获取的影响。研究发现，依赖专利和依赖战略措施保护商业模式利益的途径是互补而不是替代的。企业申请专利保护是作为防御性战略，为建立互补性资产赢得时间。长期的竞争力取决于创新者是否构建了足够强的互补性资产，是否能够随着市场环境的变化重新整合这些互补性资产。表 2.4 总结了收益获取视角的商业模式创新与企业绩效之间关系的研究。

表 2.4 基于收益获取视角的研究

作者（年份）	条件因素	研究类型	研究结论
Zott and Amit（2007）	环境包容性	实证研究	环境包容性越高，新颖型商业模式创新对企业绩效的影响越强，环境包容性越低，效率型商业模式创新对企业绩效的影响就越强
Zott and Amit（2008）	市场战略	实证研究	新颖型商业模式创新与市场战略相互加强而不是相互替代
郭毅夫（2009）	技术波动和市场波动	实证研究	价值主张模式创新与企业竞争优势的关系不显著。技术波动和市场波动环境下不同的商业模式创新
Kastalli and Looy（2013）	商业模式内部要素的互补性	实证分析	企业需要提高商业模式内部要素的互补性才能够提高绩效
Casadesus-Masanell and Zhu（2013）	在位企业的反应	数理分析	在位企业可能会对新进入者的商业模式产生不同的反应，新进入者在决定采用新商业模式的时候需要充分考虑在位者的反应
Desyllas and Sako（2013）	互补性资源、专利法的保护	案例研究	研究发现依赖专利和依赖战略措施保护商业模式利益的途径是互补而不是替代的

总体来看，收益获取视角的研究都认为商业模式创新不一定能够提高企业绩效。如果收益获取能力不够，商业模式创新对企业绩效的影响可能并不显著。在承认这一结论的同时，众多研究都表明，商业模式创新及从商业模式创新中获取收益都要考虑环境特征的影响。商业模式创新绩效的影响受到内部结构特征和外部环境特征的调节作用。尤其是知识产权保护制度特征和市场特征，二者是影响商业模式创新收益获取的重要因素。然而，这些研究仍然没有得出统一的结论。更重要的是，这些研究并未同时分析制度和市场不确定环境的调节作用，对适应转型环境特征的商业模式创新方式缺乏针对性的研究。在转型情景下，知识产权制度并不能保护商业模式，市场高不确定性也会为商业模式创新收益带来巨大风险。因此，以往研究结论对中国转型情景下企业商业模式创新实践缺乏指导。

2.2 外部学习与商业模式创新的关系研究

组织学习理论是创新研究的主要理论基础之一。组织学习包括组织内部学习和组织外部学习。早期的组织学习研究主要关注内部学习，包括“干中学”“经验学习”“单环学习”“双环学习”“内部知识共享”等，主要解释企业从过去经验中学习、积累、开发和共享知识的过程。然而，随着企业间合作增多和创新复杂性的提高，越来越多的企业开展合作创新。与此同时，更多的学者开始关注组织间学习对创新的影响。关注合作知识创造、知识转移及其治理机制等。在过去的 10 年中，伴随信息技术的发展和经济全球化的加速，外部学习的成本和速度逐渐降低，加大了企业外部资源的可获得性。因此，企业寻求通过利用外部资源开展创新，学习活动的范围和深度不断扩大。例如，宝洁公司推出“C+D”，即“联结 + 开发”的创新模式。通过公开募集解决方案和技术知识实现创新。众多企业开展“众包”，将用户和外部利益相关者主体引入创新网络，将他们作为创新的源头。这些提供知识的源头不仅跨越了内部的研发部，更跨越了多个行业。因此，外部学习特征与创新的关系成为学者关注的重要内容。众多学者都认为，商业模式创新是组织学习的过程。对商业模式创新而言，由于系统性和开放性特征的存在，商业模式创新过程中不仅需要内部学习更需要外部学习。因此，本书主要总结了外部学习类型及其对商业模式创新的影响研究。

2.2.1 外部学习内涵及类型

不同的学者对外部学习的内涵和特征的描述差异较大。以往学者主要从以下几方面进行划分：

2.2.1.1 按外部学习的来源：顾客、供应商、大学等

Chesbrough（2003）提出，随着创新环境开放性提高，企业不应再局限

于利用内部资源创新，而应该更多地关注如何同时利用内部资源和外部资源推动创新。企业从外部获取创新需要的信息、知识和资源的渠道数量。这些常用的渠道包括顾客、供应商、竞争对手、大学、科研机构等（见图2.1）。不同渠道获取的资源、信息、知识的类型和特征有较大差异。顾客提供的是需求信息、产品使用过程中的问题、对产品功能的期望等，供应商提供的是零部件信息，大学和科研机构提供的可能是基础科学的进展情况、最新的技术发展和关键技术等。

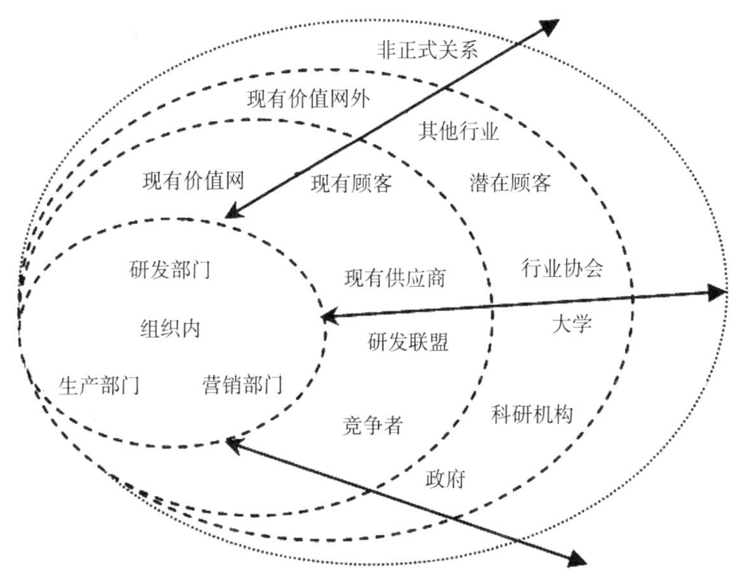

图 2.1　开放式创新模式下的知识来源

Sidhu 等（2007）根据供方、需方和地理三个维度划分外部学习方式。供方学习是指企业向供应商搜寻创新所需要的知识和资源。需方学习是指企业向顾客搜寻创新所需要的知识和资源。而地理学习是指企业向别的地区的企业学习新知识的活动。Chatterji 和 Fabrizio（2014）针对用户知识对创新的影响开展研究。众多研究，要么关注供应商提供的知识，要么关注用户知识、合作伙伴的知识获取，主要从来源角度分析外部知识对创新的影响。按照知识的来源刻画外部学习特征主要强调不同来源的知识在内容上的差异性。研究问题往往更具有针对性，能够针对用户知识或者供应商知识等展开更具针对性的研究。然而，缺点是往往很难得到一般性的结论，不同研究之间也难以进行比较。

2.2.1.2 按照学习网络特征：学习宽度与学习深度

Katila 和 Ahuja（2002）将组织学习区分为两个维度：学习深度和学习宽度。学习深度是指企业重复使用外部知识的程度，学习宽度是企业获取新外部知识的范围。学习宽度越高，企业知识的来源越丰富。丰富的知识来源能够显著提高知识组合的差异化，能够帮助企业发现知识的组合形式，从而提高企业探索新知识的活动，提高创新绩效。学习深度则通过提高知识的理解实现突破，通过“熟能生巧”提高创新绩效。Laursen 和 Salter（2006）在开放创新理论的指导下，从开放深度和开放宽度两个方面刻画开放学习网络。将顾客、供应商、竞争对手、高校、科研机构等 10 个渠道作为知识的来源，将企业从这些渠道获取知识的情况进行评价，使用为 1，不使用为 0。如果企业使用某一渠道的知识，则要求企业对使用程度按照 1~5 进行评价。作者采用渠道的数量测量企业外部学习的宽度，采用使用程度较高的外部渠道数测量深度。这种刻画方法在后续的研究中被广泛使用，Chiang 和 Hung（2010）采用了同样的方法测量了外部学习策略，并分析了宽度和深度对两类技术创新的影响。Garriga 等（2013）沿用了 Katila 和 Ahuja（2002）的描述方法，并进一步分析了外部资源的可获得性对学习效果的影响。Salge 等（2013）等也沿用了这一描述方法并在此基础上研究了对新产品开发绩效的影响。尽管这种划分方法被广泛采用，但学习宽度和学习深度的划分无法与商业模式创新的要求相匹配。商业模式创新要求更新企业经营的主导逻辑，而深度和宽度强调的是学习网络在知识范围及知识深度方面的特征。商业模式更加强调知识范围的影响，需要对知识获取的范围进行进一步描述。

2.2.1.3 按照知识距离：行业内学习与行业外学习

随着跨界竞争的频繁上演和互联网作用的蔓延，越来越多的学者开始关注知识距离，关注行业外知识和行业内知识的重要差异。行业内学习是指从既定的同行、顾客、分销商、供应商获取知识和信息的行为。行业外学习是指从大学、科研机构、政府部门、媒体（网络、报纸杂志、电视等)、其他行业的顾客、各类会议获取知识和信息的活动。Christensen 在《创新者的窘境》中最早提到企业需要跨越既定的行业边界寻求新的知识以避免破坏式创新的影响。在破坏式创新的研究中，Christensen 发现在位企业由于嵌入在行业内网络中，难以从行业外获取足够的知识来打破既定的商业逻辑，从而在屡次交锋中败给新进入的小企业。局限于既定的顾客、供应商和同行的学习行为往往带来价值网络惯性。在后续的研究中，进一步指出企业要想在竞争中避免受到破坏创新的影响，必须善于学习行业外的知识。例如，从高校、科研机构、政府、其他行业获取新的知识和信息，能够帮助企业重新思考既定的商业逻辑，构建新的价值创造和价值获取体系。Geletkanycz 和 Hambrick（1997）发表在 ASQ 上的研究最早区分了行业内和行业外信息对战略选择的影响。研究发现，高管通过行业内的关系获取的知识和信息往往加强了既定的战略选择，引导企业选择同行业通用的战略。高管通过行业外关系获取的知识和信息帮助企业选择不同于同行的战略。Atuahene-Gima 和 Murray（2007）在此基础上发现行业外与行业内学习对企业技术创新有不同影响。Stam 和 Elrfing（2008）的研究发现，来源于行业内与行业外的知识和资源对开发创业机会有不同影响。Boso 等（2013）对创业企业的研究也发现行业内和行业外的知识对创业过程有不同的影响。

这些研究都注意到行业内和行业外知识的不同特征，但对行业内、外的界定有所差异。有些研究并未明确说明行业内、外如何划分，有些研究局限于同行竞争者，有些研究则根据产业链划分。

2.2.2 外部学习对商业模式创新的影响研究

组织学习一直是商业模式创新研究中的重要理论基础。商业模式创新的研究更多地沿用了学习理论的早期结论，探讨商业模式创新过程中的惯性和路径依赖效应。目前，大部分的研究开始关注如何选择学习方式来推动商业模式创新。Smith、Binns 和 Tushman（2010）强调，管理复杂的商业模式需要领导能够做出动态决策，能够将愿景和目标规划联系起来，积极学习，善于管理冲突。Santos 等（2009）也强调，从行为层面分析商业模式创新。Chesbrough（2006）、Smith 等（2010）提出，获取商业模式创新相关的知识能够促进商业模式改进。过多地关注现有顾客往往导致短视而抵制改变。关注技能获取、知识和技能的管理以及学习能够扩展现有路径。Sosna 等（2010）以 Naturhouse 的案例分析提出，商业模式创新是试错学习的过程。试错学习帮助企业通过探索和应用两个阶段不断完善商业模式设计，从而帮助企业获取竞争优势。McGrath（2010）提出，商业模式的重新设计是发现过程而不是理性分析的过程。Andries 和 Debackere（2013）进一步分析了学习推动商业模式创新的有效性。研究发现，商业模式越复杂，越需要通过突破性大的实验学习来建立新的商业模式。在模糊性和经验效应越强、复杂性适中的情境下，企业越应该保持商业模式的核心逻辑不变。Aspara 等（2013）提出高管的重新认知帮助企业重新构想企业的边界和商业模式。表 2.5 总结了组织学习视角的商业模式创新研究。

表 2.5　组织学习视角的商业模式创新研究

作者（年份）	研究类型	变量	主要观点
Chebrough and Rosenbloom（2002）	案例研究	主导逻辑	主导逻辑限定了企业的注意力，导致企业难以觉察到新模式
Bouchikhi and Kimberly（2003）；Chesbrough（2010）	案例研究	惯性、认知	商业模式创新难在惯性，难在经理人可能无法认识到新商业模式的潜力
Cavalcante et al.（2011）	案例研究	流程和惯例	改变商业模式的过程中不可避免地遇到惯性的阻力
Sabatier et al.（2012）	案例研究	路径依赖	现有的产品依赖既定的技术系统和合作网络
Velu and Stiles（2013）	案例研究	政治压力和过程理性的阻力	同时运行两个商业模式是商业模式创新过程中必须面对的问题
Øiestad and Bugge（2013）	案例研究	路径依赖、价值网络惯性	由于路径依赖和既有价值网络的限制，三家出版商面对数字化环境往往是被动地改变原有的商业模式
Bohnasack，Pinkse and Kolk（2014）	案例研究	路径依赖、流程、资源投入、制度体系	在位企业在利用新技术时往往更多地将新技术与现有商业模式匹配，而不是改变现有商业模式
Dobusch and Schubler（2014）	案例研究	路径依赖	企业通过各种努力维持原有的商业模式长达 10 年之久，而不愿意转移到新的商业模式上
Chesbrough（2006）；Smith et al.（2010）	理论分析	市场学习	技能获取、知识和技能的管理以及学习能够扩展现有路径

续表

作者（年份）	研究类型	变量	主要观点
Smith，Binns and Tushman（2010）	案例研究	高管的学习	积极学习，善于管理冲突
Sosna et al.（2010）	案例研究	试错学习	试错学习帮助企业通过探索和应用两个阶段不断完善商业模式设计
Andries and Debackere（2013）	案例研究	实验学习	需要通过突破性大的实验学习来建立新的商业模式
Aspara et al.（2013）	案例研究	高管的重新认知	高管的重新认知帮助企业重新构想企业的边界和商业模式

尽管以往研究都认可外部学习是影响商业模式创新的重要因素，但外部学习存在多种学习方式，以往研究仍未能在细致划分学习方式的基础上，研究不同类型的学习方式对商业模式创新的影响。尽管以往关于学习方式与技术创新关系的研究有很多，但由于商业模式创新与技术创新有很大差异，这些研究无法直接应用到商业模式创新领域。因此，以往研究仍然未能识别促进商业模式创新的外部学习方式。

2.3 动态能力与商业模式创新关系的研究

2.3.1 动态能力理论的发展

沿着核心能力观点的发展脉络，Teece 等（1997）提出了动态能力的概念和分析框架。提出在动态环境下，资源和能力本身可能存在某种刚性，这种刚性导致以此为基础塑造的竞争优势迅速贬值。企业要想获取持续的竞争优势，必须能够根据环境变化及时重新维护、组合甚至重新构建资源基础。动态能力提出之后在战略管理领域引起了研究热潮。2007 年，Teece 进一步完善了动态能力的分析框架。动态能力的研究是对基于资源观点的进一步拓展，不仅充分考虑了资源组合动态管理，也深刻分析了环境变化的影响。

虽然许多学者都接受了动态能力这个概念，但学者们从各自的研究需要出发，对动态能力的内涵的解释却存在着一定的差异。Peteraf 等在 2013 年发表在 *Strategy Management Journal* 上的研究系统总结了以往动态能力的研究文献（见表 2.6）。研究发现，以往所有动态能力的文献基本可以归纳为两类不同的观点：以 Teece（1997）为代表的观点和以 Eisenhardt 和 Martin（2000）为代表的观点。

表 2.6　两种动态能力核心观点的比较

	Teece（1997）为代表的观点	Eisenhardt 和 Martin（2000）为代表的观点
动态能力	界定模糊	具体、明确、可识别的流程
通用性	异质性高	通用性高
竞争优势	①动态能力是异质性的、稀缺的，所以是竞争优势的来源 ②动态能力很难替代和模仿，所以是竞争优势的来源	①由于相似性，很容易获取的动态能力能带来的竞争优势是有限的 ②即使内容不同、功用相同的资源可以互相替代，动态能力作为最佳实践很容易被替代，难以带来竞争优势
可持续性	难以复制和模仿，能带来可持续的竞争优势	通用的、可识别的流程，容易被复制，难以带来可持续的竞争优势
边界条件	适用于高度动态性环境下，“框架更加适合熊彼特世界”	适度动态环境，动态能力的形式在不同环境下有所差异。过度动态环境下的动态能力是不稳定的流程，难以得到预期的结果

以 Teece 为代表的观点认为，动态能力是整合、建立和再配置内外部资源的能力。Teece、Pisan 和 Shuen（1997）认为，在全球市场上取得领先的企业必须能够根据动态多变的环境重新协调和配置内外部资源。Teece 在此基础上发展了该观点，他将这种能力界定为动态能力，并提出了影响动态能力形成的三大要素。在 Teece 的论文中，动态能力被定义为“动态环境下重新组合、协调、配置内外部资源”的能力。资源作为企业竞争优势的基础，在动态环境下需要随环境变化不断调整才能够实现与外部环境的匹配。Teece 认为“动态”指的是与环境变化保持一致而更新企业的能力，“能力”强调的是整合和配置内部及外部资源的能力。因此，在动态变化环境下，企业的竞争优势在于能否重新发现竞争优势的来源，重塑竞

争优势的资源基础。企业能否重新塑造竞争优势的基础取决于管理过程、位势和路径。

三类组织流程会影响企业动态适应能力：协调整合流程、学习流程和重构流程。首先，企业原有的流程间的匹配、流程和激励系统之间的匹配是企业能力的根本所在，这些流程能够帮助企业协调整合资源。因此，需要大的创新来应对环境变化时往往需要建立新的流程和激励体系。原有流程的惯性会阻碍新流程的建立，成为限制企业动态能力的特征。除了协调和整合流程之外，还有学习流程帮助企业通过集合个体技能和建立新惯例来识别及抓住机会。而重构流程能够帮助企业提高重构和资源转换的效率。位势是指企业拥有的资源禀赋和外部关系，包括财务资源、技术资源、结构资源、制度资源、声誉资源、互补性资源等，这些资源决定了企业资源的可得性。路径依赖是指企业未来的选择空间受到以往投入和惯例的限制。由于以往投资导致学习往往是局部的，尤其是在局部正向回报时更是如此，包括网络外部性、互补性资产、用中学、规模效益等。路径也决定了企业能够开发的技术机会。Helfat（1997）为动态能力理论提供了实证证据。研究发现，石油企业在应对石油危机的过程中能否开发煤气技术取决于之前积累的互补性技术和互补性资产。Zollo 和 Winter（2002）从动态能力作用过程角度将动态能力定义为："组织通过学习获得的，系统建立和修改它的运作惯例以提高惯例有效性的稳定的集体行为模式。"其中，"稳定模式"和"系统化"强调了动态能力的结构化和持久性。Zollo 和 Winter（2002）提出，组织处理突发性的危机和通过偶尔的创新来适应环境变化并不代表企业有动态能力，只有以稳定而系统化的模式改变其运作惯例来适应环境变化的企业才具有真正的动态能力。这个定义描述了动态能力的特点，把动态能力与企业对环境变化偶然性的适应活动区分开。

最新的研究中，Teece 认为可以把动态能力看作是三种能力的组合：①搜寻机遇或者威胁的能力；②把握机遇的能力；③提高、组合、保护和重新配置企业的有形资源和无形资源以实现竞争优势的能力。动态能力包括企业难以复制的能力，这些能力使得企业能够应对市场机遇和技术机遇。动态能力还包括塑造企业生态系统的能力，从而使得企业发展新产品或者创造新的流程，设计新的商业模式。动态能力有三个连续过程的能力的微观基础，需要企业不同的流程和组织结构支持。产品研发、顾客和供应商是企业获取机遇的重要信息来源。机会的识别需要个体的认知和创造能力。机会识别和发现需要信息、搜寻机会的能力，而机会识别的能力依赖个体的能力和现有的知识结构。企业的商业模式、决策制定过程和员工的忠诚都是企业把握能力的基础。而企业的治理机制、分权机制、员工之间的协作和企业的知识管理体系是应对威胁或者转型的基础。

与 Teece 的观点不同，Eisenhardt 和 Martin（2000）对动态能力的特征持不同观点。该观点与 Teece 的观点截然相反，该观点认为动态能力不是难以模仿和不可替代的，相反动态能力是可以明确识别的流程和惯例的集合。Eisenhardt 和 Martin（2000）提出，这些流程和惯例可以通过整理、识别、定义和模仿改变，通过学习和模仿建立，可以依据特征进行归类。研究将动态能力区分为三类：整合资源、重新配置资源、获取与转移资源的动态能力。Eisenhardt 和 Martin（2000）的动态能力的概念与 Teece 等（1997）对动态能力的定义存在一致性，他们认为动态能力是“先前的管理者改变资源基础的配置方式和战略的流程”（获取、散发、整合和重新组合资源），当新市场浮现、市场冲突、分化、进化和消失时，利用这些流程、企业可以获得、整合以及重新组合资源来创造新的竞争优势的基础。Eisenhardt 和 Martin 对动态能力的定义更清晰，避免了用能力（Abilities）定义能力（Capabilities）的同义反复，这个定义提出以后得到了很多学者的认同。更重要的是 Eisenhardt 和 Martin（2000）指出了动态能力的通用性，为实证研究奠定了逻辑基础。他们认为，动态能力是明确的流程，而且这些流程在不同企业间有通用性。尽管不同情境下流程的内容可能不同，但类型和作用基本一致。

Eisenhardt 和 Martin（2000）区分了适度变化的市场和高速度市场中动态能力的不同特征。在适度的动态市场中，动态能力与传统的惯例概念相似，它们是详细的、分析的、稳定的流程，具有可预期的结果；相反，在高速度市场中，它们是简单的、高度经验和短暂的流程，具有不可预知的结果。另外，Eisenhardt 和 Martin（2000）强调了组织学习机制的构建和指导组织能力及其演化，他们认为，组织学习是能力发展和演进的原动力，在适度的动态市场中，能力的演进强调逐渐变化；在高速度市场中，能力的演进强调选择。此外，Eisenhardt 和 Martin（2000）已经认识到企业长期竞争优势在于利用动态能力更好地配置组织资源和能力，而不是动态能力本身。

这些差异一直以来是动态能力研究的巨大障碍。由于对动态能力这一变量没有统一的认识，对变量的测量无法进行，导致近年来动态能力的研究大多停留在理论分析层面，在实证研究方面的进展较少。Teece（2007）对 Eisenhardt 等学者将动态能力看作“最佳实践”表示反对，但并没有在研究中进一步解释他们提出的框架到底能否解释竞争优势的来源以及框架的边界条件。动态能力的研究更多地关注流程方面，而对内容方面的研究没有多少进展，对动态能力的内涵到底是什么解释较少。

2.3.2 商业模式匹配的动态能力分类

由于动态能力的内涵往往难以界定，以往文献对动态能力的类型没有严格的划分。各个领域的研究往往根据研究需要将动态能力进行具体界定。例如，研究创新的学者将创新能力界定为动态能力、研究创业的学者提出创业能力是动态能力、研究知识转移的学者将吸收能力界定为动态能力，等等。这些动态能力因情景而出现不同的形式。

在商业模式创新的研究中，Bock 等（2012）、Sheehan 和 Stabell（2007）、Doz 和 Kosonen（2010）、Achtenhagen 等（2013）等都提出商业模式创新需要构建相适应的动态能力。然而，他们的案例分析并未清晰地识别出需要的动态能力类型。对商业模式创新而言，新的商业模式不仅需要内部资源的重构，更需要构建新的合作网络。根据商业模式创新的特点，现有研究从基于资源的观点出发，将动态能力划分为内部资源重构能力和外部的联盟管理能力。

内部资源重构能力（Resource Reconfiguration）是指企业通过内部资源的重新组合的能力。动态能力研究中明确指出，资源整合能力是最常见的动态能力类型。Teece（1997）的框架中将资源整合能力作为动态能力的重要组成部分。Galunic 和 Rodan（1998）最早将资源整合能力进行了深入研究。尽管基于资源的观点将学者的研究视角从产业组织理论提出外部观点转移到企业内部，但该理论仍然没有回答这些异质性的资源是如何开发又是如何利用的。研究根据熊彼特创新理论，资源是通过现有体系进行重新整合从而创造竞争优势的。资源整合包括两个方面：一方面可以将两类既定的资源进行新的组合，另一方面可以重新设计新的资源利用方式。由于资源本身特征和社会原因，企业在重新整合资源方面存在较大差异。但 Galunic 和 Rodan（1998）的研究仅仅局限于企业内部的知识性资源，没有分析跨企业边界的资源整合。Lavie（2006）在对企业如何应对技术变化的研究中进一步突破了企业边界的限制，提出企业能力替代、能力改进和能力转换三种整合资源的机制。资源整合既包括内部流程的重新优化、内外部资源整合，也包括直接通过收购获取全新的资源。Sirmon 等（2007）提出，资源只有通过恰当的组合才能重新构建新的竞争优势。在他们的研究中称为资源绑定能力，研究扩展了基于资源观点，提出资源本身并不能直接创造价值。企业的资源必须经过组合形成能力。Sirmon 等（2010）在 2007 年研究基础上进一步提出资源整合是竞争的基础，这种整合既可以跨越企业的边界也可以跨越企业内部的层级。总结来看，作为基于资源观点的延伸，资源整合能力成为资源创造价值的中介机制和应对变化的动态能力。对商业模式创新而言，随着商业逻辑的改变，执行商业逻辑的资源基础也需要相应的更新、改进或者转换。这种资源的重新构建成为能否实现新商业模式的重要基础。但是，以往研究也提出，资源的整合不仅涉及内部资源也涉及外部资源。

联盟管理能力是指企业管理联盟组合的能力。Dyer 和 Singh（1998）在提出的关系观点中指出，企业的竞争优势不仅来源于内部的资源、外部的产业结构，也可能来源于企业与外部组织之间的合作。基于资源的观点认为，企业的竞争优势主要源于内部的有价值、稀缺、难以复制、难以替代的资源。然而，这些研究忽视了一个基本的事实，那就是几乎所有企业都不拥有所有的核心资源，往往是嵌入在合作的网络中。独特的企业间连接可能成为竞争优势的重要来源。企业的关键资源可能跨越了组织边界，潜入在组织间惯例和流程中。关系租金的概念指出，通过关系专项投资、知识交换、互补资源整合和降低交易成本，合作关系可以创造单方都无法创造的超额利润。研究提出了关系租金创造的四个方面：企业间关系的专项投资、知识共享流程、资源互补和有效治理。Ireland 等（2002）提出，联盟管理是竞争优势的重要来源，联盟管理包括开发新的联盟关系、联盟知识和资源整合，以及联盟治理等方面。Rothaermela 和 Deeds（2004）最早提出并检验了联盟管理能力，针对 325 个生物技术公司的 2226 个联盟进行了实证分析，证明了联盟管理能力的存在和不同企业之间的异质性。Schilke 和 Goerzen（2010）总结提出，联盟管理能力是重要的动态能力，是企业管理联盟组合的惯例和流程的总和。联盟管理能力包括跨组织协调、联盟组合的整体协调、组织间学习、联盟前瞻性和联盟转换。Leischnig 等（2014）在此基础上进行了实证研究，在研究中将联盟管理能力区分为联盟前瞻性、联盟转换、组织间协调和组织间学习等方面。

总体而言，尽管目前的研究都认为联盟管理能力是基于资源观点的延伸，是动态能力的重要类型，对联盟管理能力的维度目前缺乏统一的界定。各维度之间有重叠和概念交叉。例如，知识共享和资源整合本身难以区分，知识共享也是为了实现资源互补和整合利用。Dyer 和 Singh（1998）、Ireland 等（2002）、Rothaermela 和 Deeds（2004）的研究更多地关注联盟的静态管理方面，主要强调通过双向投资、资源整合和治理实现关系租金，没有包含整个联盟网络的动态优化。Schilke 和 Goerzen（2010）、Leischnig 等（2014）的研究包含了联盟转换，强调了对嵌入在合作网络中的资源进行重新优化的过程。

2.3.3 动态能力对商业模式创新的影响研究

众多学者着重克服惯性和路径依赖的影响，探索能够促进商业模式创新的要素，这些研究大多属于动态能力的理论范畴。动态能力视角的研究主要分析了战略柔性、领导能力、识别和实验市场机会的能力、平衡资源分配的能力、整合领导、文化和员工投入的能力、组织重构等类型的动态能力对商业模式创新的影响机理。

表 2.7 总结了基于动态能力视角的商业模式创新研究。Bock 等（2012）认为，商业模式创新涉及企业的整体变化，需要更新企业的资源和流程来实现。因此，战略柔性对商业模式创新有重要影响。战略柔性是嵌入在组织内部的一种动态能力，能够帮助企业重新整合资源来实现战略变化。研究发现，对现有合作伙伴的依赖会降低战略柔性从而给商业模式创新带来障碍。Sheehan 和 Stabell（2007）提出了三个分析步骤以帮助知识密集型企业的经理改进商业模式。商业模式创新需要不同的领导风格，Doz 和 Kosonen（2010）提出，企业需要三种能力来提高企业的灵活性：战略敏感性、领导统一性和资源柔性。战略敏感性是指对战略发展的敏锐的直觉能力。领导统一性是指高管快速做出大胆决策的能力；资源柔性是指企业能够迅速重新整合和配置资源的能力。Achtenhagen 等（2013）从动态能力理论出发，通过 9 个企业的案例研究提出了动态能力推动商业模式创新从而实现持续价值创造的框架。研究提出，企业识别和实验市场机会的能力、平衡资源分配的能力，整合领导、文化和员工投入的能力构成了商业模式创新的动态能力基础。三个能力帮助企业重新设计战略行为，改进商业模式从而实现可持续的价值创造。Khanagha 等（2013）以案例分析揭示了在位企业如何应对云计算商业模式变化的过程。认为结构上的整合与分离相

表 2.7　动态能力视角的商业模式创新研究

作者（年份）	研究类型	变量	主要观点
Sheehan and Stabell（2007）	案例研究	领导风格	商业模式创新需要不同的领导风格
Doz and Kosonen（2010）	案例研究	战略敏感性、领导的统一性和资源柔性	战略敏感性、领导的统一性和资源柔性能提高企业灵活性，从而推动商业模式创新
Bock et al.（2012）	实证研究	战略柔性	战略柔性是嵌入在组织内部的一种动态能力，能够帮助企业重新整合资源来实现战略变化
Achtenhagen et al.（2013）	案例研究	识别实验市场机会的能力、平衡资源分配的能力、整合领导、文化和员工投入的能力	动态能力推动商业模式创新
Khanagha et al.（2013）	案例研究	结构上的整合与分离相结合	先整合后分离，帮助企业实现商业模式创新

结合的安排有利于企业商业模式创新的成功，帮助企业协调资源、降低成本。这个过程涉及战略意图、组织结构调整和新商业模式的实验等各个环节的循环推进。他们发现，通常组织先采用整合的组织设计帮助企业利用现有资源开发出基于云计算的新产品或服务，进一步帮助新商业模式寻找顾客。在新商业模式雏形出现之后，采用分离的组织安排，将新商业模式独立出来开展经营。

尽管以往研究都认为动态能力是影响商业模式创新的重要因素，然而，这些研究未能识别与商业模式创新情景相匹配的动态能力类型。这些研究对动态能力的界定主要包括战略柔性、组织柔性、战略领导敏感性、识别机会的能力、平衡资源分配的能力等，这些能力尽管对商业模式创新有积极的促进作用，但这些前因变量对产品创新等其他创新形式也一样成立，并没有体现出商业模式创新本身的独特性。

商业模式的系统性和网络性决定了商业模式创新不仅需要重构内部资源组合，还需要重构外部合作网络。因此，需要内部资源重构能力和联盟管理能力来实现对内部资源的重新整合以及外部资源的重组。然而，以往关于内部资源重构能力和联盟管理能力的研究仍然缺乏对商业模式创新的分析。

2.4 制度理论与竞争环境特征

随着新兴经济体的崛起，很多学者开始关注转型情境下的管理问题。转型国家与发达国家之间在制度框架的差异引起了众多学者的关注，这些研究大都从制度视角开始分析制度情境不同的情况下企业的经营活动。

2.4.1 制度的内涵、分类

对于制度的内涵、类型和特征，经济学家和社会学家有不同的看法。North（1990）认为制度是“游戏规则”，是人为构想的规范。社会学家

Scott（1995）对制度的认识是基于社会学的基本理论，认为制度是在社会互动中形成的认知结果。早期的制度理论主要关注认知结构、惯例和合法性，后期的新制度理论将制度界定为能够维持社会行为稳定和赋予社会行为意义的法律、规范和认知结构。经济学家 North（1990）将制度区分为正式制度和非正式制度。社会学家 Scott（1995）将制度区分为法制、规范和认知三类（见表 2.8）。制度形成的过程是注入价值的过程，是各个主体互动的结果（Scott，1987）。Eisenhardt（1988）研究发现，企业传统、产业惯例、文化传统是影响薪酬政策采用的重要因素。

表 2.8　制度维度

	法制	规范	认知
服从基础	利益得失	社会责任	理所当然、共同理念
秩序基础	法制法规	必须遵守的期望	心理图式
作用机制	强制力	规范性	模仿
逻辑基础	工具性	适当性	正派性
具体形式	法律、法规	标准、认证、鉴定	共同信仰、意识

North（1990）与 Scott（1995）对制度的定义之间有一定的联系，如表 2.9 所示。North 的分类更加重视制度发挥作用的途径，把通过强制力量保证实施的归为正式制度，把靠自我纠正保证实施的制度归为非正式制度。而 Scott（1995）的分类更强调制度的内容。

表 2.9　制度分类方法的比较

<table>
<tr><th>正式性（North，1990）</th><th>例子</th><th>Scott（1995）</th></tr>
<tr><td rowspan="3">正式制度</td><td>法律</td><td rowspan="3">法制</td></tr>
<tr><td>规章制度</td></tr>
<tr><td>条例</td></tr>
<tr><td rowspan="3">非正式制度</td><td>规范</td><td>规范</td></tr>
<tr><td>文化</td><td rowspan="2">认知</td></tr>
<tr><td>伦理</td></tr>
</table>

制度理论认为，制度能够对企业的战略行为造成深刻影响，制度环境的差异造成企业战略行为的差异。首先，企业总是在制度限定的范围内做出理性选择。制度为企业间的互动限定了规则、限定了合法的边界从而降低了企业间互动的不确定性和成本。企业总是在制度限定的范围内寻找制度成本最低的行为和合法性。其次，正式制度缺失时，非正式制度将在降低不确性、提供指导、提供合法性和激励方面发挥更大的作用。正式制度和非正式制度为企业的战略行为提供了完整的游戏规则框架。

2.4.2 制度转型与竞争环境特征

以往研究已经充分认识到环境对企业的重要性（Lawrence and Lorsch，1967）。但是以往研究更多地关注技术环境、需求环境等“业务环境”，很少超出业务环境讨论企业、制度环境与企业战略选择的相互关系。研究往往假定市场制度和非正式制度都是合理、完善的，很少深入分析制度如何影响企业的战略行为。对于制度如何发挥作用，社会学家和经济学家有不同的观点。社会学家认为，正式的政府政策、非正式的媒体和消费者信心等限定了“什么可以，什么不可以”，对竞争有显著影响。在不同的制度环境下，不同竞争战略的作用可能有显著差异。社会学家认为制度通过模仿、强制、规范等方式发挥作用。DiMaggio 和 Powell（1994）提出制度同构（Institutional Isomorphism）是导致很多企业越来越相似的重要原因，并分析了强制同构、模仿同构和规范性同构。强制同构是指，组织依赖的利益相关者的正式或非正式的压力及其期望使组织不得不变革。模仿同构是指，在不确定性环境中，为了降低不确定来模仿榜样企业做法的同构方式。规范性同构是指，企业为了体现专业化而开展的同构活动。经济学家 North（1990）则认为：制度通过影响交易成本和生产成本来影响经济发展，制度与技术共同决定了交易与生产的总成本。

不论是社会学家还是经济学家都一致认同，企业在经营过程中除了受业务环境的影响还受到制度环境的影响。然而，对于制度环境对企业行为的影响，多数研究仍然停留在理论分析层面，对制度环境的特征缺少比较全面的归纳和总结。Peng（2003，2009）认为，中国转型过程实质上是正式制度与非正式关系交替发挥作用的过程。在转型初期，由于正式制度还不够完善，在缺乏制度框架的转型过程中，社会关系作为制度的替代品帮助交易主体降低交易成本，提高交易效率。伴随着经济转型，正式制度不断完善，正式制度逐渐替代非正式关系发挥作用。该研究认为，正式制度的完善程度是制度转型进程的标志，制度不完善是制度转型时期制度环境的重要变量。

对转型经济环境下的竞争环境，以往众多学者开展过针对性的研究。Li 和 Zhang（2010）采用创业企业的数据进一步实证分析了恶性竞争环境的影响。Luo（2007）在国际合作机会主义的研究中提到了法律执行力的作用。他提出中国保护企业正当经营的知识产权和所有权制度非常脆弱，人比法律在商业活动中发挥的作用更大。尽管政府制定了公司法、合同法、知识产权法、合资企业法等，这些法律由于政治因素、社会文化因素、体制因素和历史原因而不能有效执行。由于对政府缺乏信任、缺乏监督机构、频繁地调整、制度模糊、执法组织的不确定和法律的不一致等造成执行的不确定性大大提高。更重要的是，制度的执行程度存在较大的地区差异。制度执行力会直接影响企业经营过程中的治理行为，企业越是感觉到制度执行不力越容易产生机会主义行为。为了交易的进行往往采取内部替代措施，例如制定潜规则，要求更多的专项投资等。Zhou（2010）也发现，经理人感觉到的制度执行力越差，企业越会放弃采用契约的方式来保证交易安全，反而采取各种措施提高关系的稳定性，包括延长合作时间、提高专项投资水平等。Sheng 等（2011）在研究关系对企业绩效影响的研究中分析了制度执行力对商业管理和政府关系作用效果的影响。在研究中分析了制度执行失效的调节作用，将制度执行失效界定为法律法规执行存在问题的程度，包括滥用职权、有法不依等。

Li 等（2013）在战略领域有显著影响力的 *Strategic Organization* 期刊上发表论文，提出了新的框架以分析转型经济国家的竞争环境。研究指出，由于基本经济制度转型，转型经济中的竞争环境呈现出双元特征：即市场和政府力量同时存在。竞争是市场力量的最直接体现，而政府的力量主要通过政策和制度变化体现出来。因此，竞争环境应该区分成两个维度：竞争和制度。具体而言，中国作为转型经济的代表性国家，伴随市场力量的增强，竞争强度迅速提高。与此同时，由于市场导向的制度体系以及执法体系的不完善，制度执行效力仍然不足。

2.5 文献评述

通过对商业模式创新研究的综述和众多学者的评述来看，该领域仍然存在以下缺陷：

2.5.1 商业模式创新的价值仍然存在争议，同时还需要进一步研究影响商业模式创新与企业绩效关系的环境特征

早期一些学者认为，商业模式创新缺乏明确的可识别的创新内容，其具体形式可能因情景而定。随着网络化环境特征的日益显现和商业模式创新实践的推进，越来越多的学者开始注意到商业模式创新具有跨越企业情景的一般特征。对商业模式的认识和对商业模式创新内容的认识逐渐加深。商业模式是超越价值链描述范围的、跨边界的价值创造系统，其创新的内容是寻找新的价值创造和价值获取的方式。有代表性的进步是 Zott 和 Amit 对商业模式创新一般特征的概括和分类以及大样本实证检验了商业模式创新与企业绩效的关系，即效率型商业模式创新与新颖型商业模式创新都促进企业绩效，而且两者的效用受到环境包容性的调节作用。

然而，到目前为止，针对商业模式创新的研究大多是局限性较大的案例分析和纯理论分析，大样本实证研究仍然屈指可数。限制了研究结论的外部效度和一般性，成为制约该领域发展的重要障碍，无法为商业模式创新一般价值提供更多的证据。更重要的是，商业模式创新的实证分析需要扩展更多的环境情境，以验证影响商业模式创新与企业绩效关系的环境特征。由于商业模式创新的跨界性和系统性，其对企业绩效的影响除了受到市场环境的影响还可能受到制度环境的影响。制度作为协调企业间合作关

系的法则，其效率的高低直接影响跨界系统的成本和收益。目前，尚未有研究分析商业模式创新与企业绩效的关系是否受到制度环境的调节作用。

以往价值创造视角的研究认为商业模式创新对企业绩效有积极影响，然而，收益获取视角的商业模式创新研究却认为，创造价值并不能保证企业能够获取绩效，商业模式创新必须与环境要素、组织战略相匹配。不同的商业模式创新的适用环境并不相同。Zott 和 Amit（2007）分析了资源包容性对商业模式创新与企业绩效关系的调节作用，Zott 和 Amit（2008）发现，商业模式创新对企业绩效的影响受到企业战略类型的影响。尽管以往研究商业模式创新对企业绩效有显著影响，然而，这些研究来源于制度规则更为规范的发达国家，对如何在制度不规范的转型经济国家通过商业模式创新整合多主体的资源创造价值缺乏研究。中国转型环境具有制度不确定和市场不确定的典型特征。Sheng 等（2011）将制度不确定定义为制度存在空白、模糊和难以预测的程度。市场不确定是指顾客和竞争环境动态程度。制度作为经济交换和规则体系，其主要作用是降低交易的不确定性和交易成本。商业模式作为多主体参与的共同创造价值、分享收益的交易结构，其效率同样受到制度环境的影响。不论是价值创造过程还是收益获取过程都受到制度规则的深刻影响。而市场不确定决定了商业模式创新之后互补性知识、信息获取的效率和要素获取的效率，决定了与之匹配的商业模式创新的效率。因此，不同外部环境下，企业需要针对性地设计不同的商业模式来推动企业绩效，收益获取视角的研究都认为，商业模式创新不一定能够提高企业绩效。然而，这些研究刚刚开始，仍然没有得出统一的结论。

更重要的是，这些研究并未同时分析制度不确定和市场不确定环境的调节作用，对适应转型环境特征的商业模式创新类型缺乏针对性的研究。在转型情景下，知识产权制度并不能保护商业模式，市场高不确定性也会为商业模式创新收益带来巨大风险。因此，以往研究结论对中国转型情景下企业商业模式创新实践缺乏指导。制度不确定和市场不确定对商业模式创新与企业绩效的关系有调节作用，然而，以往研究对中国转型环境下适合的商业模式创新缺乏深入分析。

2.5.2 对动态能力影响商业模式创新的方式仍缺乏深入分析

动态能力作为企业适应变化的能力受到学术界的普遍关注。动态能力理论认为动态环境下企业的竞争优势取决于企业动态调整内部资源和流程的能力。在商业模式创新的研究中，众多学者借用该理论分析不同形式的动态能力（例如，战略柔性、组织学习等）对商业模式创新的影响。然而，这些研究大多依赖案例研究开展分析，未能充分揭示动态能力影响商业模式创新的复杂过程。案例分析过程中往往先假定企业需要商业模式创新，进而分析战略柔性、学习、资源重构能力、组织灵活性如何帮助企业克服惯性的影响，从而促进商业模式创新。在这些研究中，动态能力实质上是企业识别到商业模式创新机会之后，帮助企业实现商业模式创新，而非商业模式创新的前因变量。例如，战略柔性高的企业并不必然通过商业模式创新来推动企业绩效，也可能通过产品创新来提高绩效。因此，动态能力更可能是辅助变量（例如，调节变量），而非前因变量。由于对于动态能力与商业模式创新的研究仍然局限于案例分析，对动态能力是否真正能够促进商业模式创新以及如何促进商业模式创新仍然缺乏深入分析。

另外，以往从动态能力角度分析的商业模式研究未能识别与商业模式创新匹配的动态能力类型。对动态能力的划分主要局限于内部资源的重构，例如战略柔性、资源柔性、领导敏感性以及组织灵活性等。然而，商业模式创新不仅需要内部资源重构，还需要外部合作网络的重塑。因此，除了内部资源重构能力之外，还需要较好的联盟管理能力。然而，以往研究未能分析内部资源重构能力和联盟管理能力如何影响商业模式创新。

2.5.3 未能有效识别促进商业模式创新的外部学习方式

虽然以往研究认为商业模式创新是试错学习、向市场学习和高管再认识的过程，但这些研究大多采用案例描述了商业模式创新的过程，仍然没有明确识别能够推动商业模式创新的学习方式，对于具体哪种学习方式对商业模式创新有显著影响以及其他影响方式缺乏分析。

对于学习视角的商业模式创新更多地关注了内部的试错、实验性学习以及高管认知，对外部学习与商业模式创新的关系缺乏研究。组织学习网络方面，仅有郭毅夫（2009）分析了组织内部学习对商业模式创新的影响。然而，针对商业模式创新的网络化特征，企业需要开放式学习来推动商业模式创新，而不仅仅是内部组织学习。尤其是，企业需要打破现有价值网络的束缚，构建新的价值网络来推动商业模式创新。开放学习网络需要跳出现有的价值网络，开展跨价值网络的学习，开展价值网络外学习。然而，以往研究对此尚没有深入研究。从研究方法看，大多数研究也仅仅停留在简单的逻辑分析上，缺少坚实的理论基础和定量的实证分析。而开放式外部学习与创新关系的研究中，也更多地分析了开放式学习对技术创新的影响。商业模式创新与技术创新之间有显著的差异，商业模式具有典型的系统性和网络特征，不仅是产品、技术、工艺自身的创新，而且是价值主张、产品、技术、合作网络、收入模式、成本结构等多个要素构成的行为系统，虽然以往研究认为开放度和资源异质性对技术创新有实质性的影响，然而，这一结论对商业模式创新不一定适用。目前，尚没有研究明确分析外部开放学习网络特征对不同商业模式创新的影响。

尽管众多研究都发现外部学习是影响创新的重要变量，但这些研究仍然局限于技术创新，而对商业模式创新关注极少。由于技术创新与商业模式创新在创新的内容和需要的资源方面有显著差异，以往针对技术创新的研究结论难以直接移植到商业模式创新中。尽管目前有些学者从组织学习角度分析了商业模式创新，但这些研究都局限于高管和企业的内部学习。例如，Sosna 等（2010）提出商业模式创新是试错学习的过程。Andries 和 Debackere（2013）发现实验性学习推动商业模式创新。Aspara 等（2013）提出高管的重新认知帮助企业重新构想企业的边界和商业模式。在研究内容方面，这些研究尚没有针对商业模式创新的独特性识别出与之匹配的学习方式；在研究方法方面，这些研究仍然局限于个别企业的案例分析，研究结论不具有一般规律性。具体而言，以往研究的行业内学习和行业外学习对商业模式创新的影响缺乏深入分析，难以揭示两类学习与不同类型商业模式创新的匹配关系。

2.5.4 缺乏外部学习与动态能力对商业模式创新的共同影响分析

商业模式创新作为企业适应环境变化的过程，不仅涉及组织搜寻机会的学习过程，还涉及对现有资源基础的重构过程。目前的研究要么关注了能力对商业模式创新的影响，要么关注了学习在商业模式创新过程中起的作用，未能通过整合两个脉络的研究来更加全面地分析组织学习与动态能力对商业模式创新过程中的共同作用。将两方面的研究结合能够更加准确地揭示两类变量发挥的不同作用。尽管有学者认为，组织学习帮助企业及时觉察到技术变化和商业模式创新机会，新商业模式实施和转型过程中却更多地依赖动态能力帮助企业重新构建资源基础。将组织学习与动态能力的研究相结合能够加深商业模式创新影响因素的研究。尚没有研究分析组织学习与动态能力对商业模式创新的共同作用。

目前，商业模式创新的研究现状如图 2.2 所示。

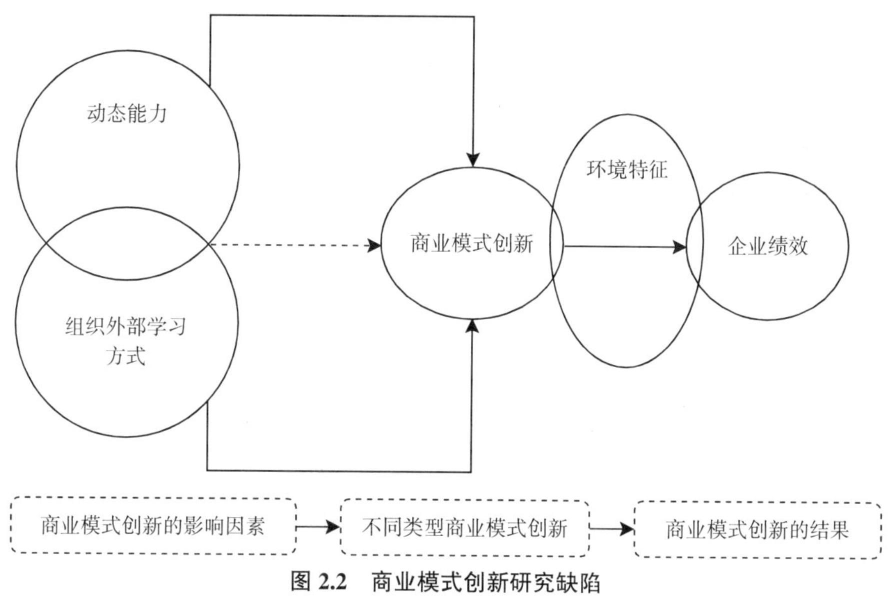

图 2.2 商业模式创新研究缺陷

3 理论模型构建与假设

3.1 理论模型构建

3.1.1 商业模式创新与竞争优势

伴随全球生产分工和协作的成本降低，价值创造活动在过去的几十年逐渐从一体化模式向合作模式转变。价值创造活动变得更加模块化，原来由一家企业独自完成的工作现在由更多的企业通过合作共同完成。与此同时，新一代信息技术的普及使我们可以在更大范围内组织价值创造活动。网络化组织形式逐渐跨越企业边界和行业边界，在更大范围内影响价值创造活动的组织方式。在此环境下，企业竞争优势的来源也发生了巨大变化。原有经典的资源观点和产业组织理论逐渐动摇。基于资源的观点认为，企业异质性的资源是企业竞争优势的来源。企业要想获取竞争优势必须积累和开发有价值、稀缺、难以模仿及难以替代的资源。然而，跨越企业、行业和国界的资源交换让稀缺资源的战略价值急剧降低。越来越多的企业认识到，独特的资源能够支撑的竞争可持续性受到严重威胁。更重要的是，很多核心资源的开发单纯依赖自身资源难以完成。例如，在医学领域长期存在的手术难题，在材料专家手里却轻而易举地得到解决。单纯依赖外科医生的积累来实现新材料的应用远不如通过外部学习获得。越来越细化和开放的资源环境正在挑战传统的基于资源的观点。基于资源的观点，以价值作为前提条件，认为所谓资源是有价值的。在开放环境下，资源的价值是变化的。商业模式强调价值创造和获取的方式，商业模式决定了资源的价值。因此，在开放环境下，如果资源所嵌入的商业模式发生变化，传统的基于资源的观点将不能完整地描述开放环境下的竞争优势来源。

除基于资源观点之外，开放环境也同样挑战着产业组织理论。产业组织理论认为，企业的竞争优势来源于企业在产业链上的位置，通过对产业链的分析，企业必须根据五力模型的分析进行准确的定位，以此获取竞争优势。通过纵向一体化，低成本、差异化和市场选择等战略方式塑造竞争优势。然而，产业组织理论的前提是价值链的基本稳定而且边界清晰。然而，日益模糊的产业边界让产业组织理论观点的前提迅速动摇。例如，从360公司的运营模式看，很难界定该企业是广告公司还是杀毒软件开发企业。传统的价值链分析也只能针对传统的制造型企业展开，面对日新月异的互联网企业，传统的价值链分析和产业链分析变得难以适用。这些变化让众多学者发现，竞争优势的来源这个问题逐渐变得模糊，让更多学者开始重新思考企业的本质和竞争优势的真正来源。

商业模式的提出很好地弥补了基于资源的观点和产业组织理论对竞争优势解释的不足。商业模式的研究起源于 Amit 和 Zott（2001）就网络环境下竞争优势来源的探索。研究提出，基于资源的观点、产业组织理论、熊彼特创新理论以及交易成本理论都无法完全解释网络环境下的价值创造活动。他们的研究发现，在这种环境下，竞争优势往往来源于对价值创造方式的革新，即商业模式创新。原有理论都是在假定商业模式不变的情况下，解释竞争优势的来源。例如，建立核心资源或谋求更好的产业链位置都是假定价值创造方式不变。价值创造的方式一旦转变，原有的核心资源可能瞬间瓦解，原有产业链被新的产业链替代而让很多在位企业丧失竞争优势。例如，传统的渠道行业是由总代理、区域总代、分销到零售的产业结构。由总代理到柜台的渠道通过分销产品为消费者和生产企业创造价值。仓储、店面、柜台的数量成为该类企业的核心资源，代理权的级别也决定了其在行业中的位置，这些都成为获取竞争优势的重要来源。例如，国美和苏宁凭借对实体店面的垄断，塑造了很难超越的竞争优势。然而，京东等电子商务企业改变了为消费者创造价值的方式，通过互联网构建了集网站、仓储、物流于一体的新的商业模式。原有企业作为核心资源的柜台数量和店面等实体资源的价值大大缩减，而仓储、物流资源的价值上升。以店面为核心资源的企业竞争力大大降低，而以物流为主业的顺丰快递则得到快速增长。与此同时，代理权决定的产业位置也未能挡住新商业模式的冲击。

因此，在网络环境下，企业不仅可以通过开发内部资源、重新定位来获取竞争优势，还可以直接通过改变商业模式实现竞争优势。商业模式是跨越主体企业边界的相互依赖的活动系统，是交易内容、结构、治理方式等多个要素的组合（Amit and Zott，2001，2007，2010）。商业模式是多个要素的组合，是按照共同的主题组合起来的各种模式。

截至目前，商业模式的定义仍然呈现出多样性特征。尽管不同学者都从自己的角度试图提出统一的商业模式定义，但这些界定始终无法达成一致。2014 年 Spieth 等从商业模式概念的作用方面进行进一步的整理和分类（见表 3.1），并提出以往对商业模式的定义不能统一是因为学者关注的作用不同。概括而言，以往学者对商业模式赋予了三类不同的作用：解释作用、运营作用和开发作用。解释作用是指学者认为商业模式是描述业务的工具，描述了企业创造价值和获取价值的过程。常用的词包括“摘要”“描述”“提纲”“映射”“表达”“陈述”“故事”等。运营作用是指众多学者利用商业模式描述运营过程，作为管理和运营公司活动的分析工具。经常用的概念包括“活动系统”“架构”“框架/标准”“结构性模板/蓝图”“方法”等。开发作用是指学者将商业模式作为战略分析工具，帮助企业识别机会和创造竞争优势。在定义中经常用“路径”“设计/计划”“逻辑”“模式/概念工具”“套路”“选择集”等概念定义商业模式。

商业模式内涵和构成要素是商业模式创新划分的基础。电子商务流派的学者主要关注交易过程，而战略管理领域的学者更关注价值创造以及资源配置，创新领域更加关注技术商业化过程中的盈利模式、顾客定位和价值源等要素。尽管不同学派由于关注的问题不同而对这一问题有不同的看

表 3.1　商业模式界定

作用	相关名词	学者
解释作用	摘要	Betz，2002；Doganova and Eyquem-Renault，2009；Huang，et al.，2012；Cav-alcante et al.，2011
	描述	Applegate，2000；Weill and Vitale，2001；Baden-Fuller and Morgan，2010；Moingeon et al.，2010；Sako，2012；Rodrigues et al.，2012；Desyllas and Sako，2013；Fiet and Patel，2008
	提纲	Seddon，Lewis，Freeman and Shanks，2004a，b
	映射	Wirtz et al.，2010；Casadesus-Masanell and Ricart，2011
	表达	Stewart and Zhao，2000；Amit and Zott，2001；Morris et al.，2005；Shafer et al.，2005；Heikkilä and Heikkilä，2010；Perkmann and Spicer，2010
	陈述	Stewart and Zhao，2000；Nair，Palacios and Ruiz，2011
	故事	Linder and Cantrell，2000；Magretta，2002；Haggège and Collet，2011
运营作用	活动系统	Hamel，2000；Seddon，Lewis，Freeman and Shanks，2004a，b；Amit and Zott，2010；Zott and Amit，2010
	架构	Timmers，1998；Afuah and Tucci，2001；Tapscott，2000；Dubosson-Torbay，Osterwalder and Pigneur，2002；Patzelt，zu Knyphausen-Aufsess and Nikol，2008；Keen and Williams，2013
	框架/标准	Afuah，2003；Afuah，2004；Wu，Guo and Shi，2013；Camisón and Villar-López，2010
	结构性模板/蓝图	Amit and Zott，2001；Osterwalder et al.，2005；Zott and Amit，2008；Caval-cante et al.，2011
	方法	Afuah and Tucci，2001
开发作用	路径	Gambardella and McGahan，2010；Christensen，Wells and Cipcigan，2013；Achtenhagen et al.，2013
	设计/计划	Venkatraman and Henderson，1998；Teece，2010；George and Bock，2011；Baden-Fuller and Haefliger，2013；Trimi and Berbegal-Mirabent，2012；Onetti et al.，2012；Chatterjee，2013
	逻辑	Linder and Cantrell，2001；Chesbrough and Rosenbloom，2002；Casadesus-Masanell and Ricart，2010；Kuk and Janssen，2013；Teece，2010
	模式/概念工具	Porter，2001；Chesbrough and Rosenbloom，2002；Osterwalder，2004；Oster-walder and Pigneur，2004；Osterwalder et al.，2005；Lecocq et al.，2010；Sabatier et al.，2010；Teece，2010；George and Bock，2011
	套路	Baden-Fuller and Morgan，2010；Sabatier et al.，2010
	选择集	Casadesus-Masanell and Ricart，2010；Casadesus-Masanell and Zhu，2010；Plé et al.，2010

法，但总体来看包含两类要素：价值和价值创造系统。

Amit 和 Zott 在 2013 年底发表在 *Strategic Organization* 上的论文中对商业模式的构成要素进行了深入讨论。他们认为商业模式要素有两类：价值主题和价值创造的行动系统。第一类要素是价值主题，价值主题是商业模式反映的创造价值的核心逻辑。这些核心逻辑反映了企业的竞争优势的来源或者成功之道。两位学者 2001 年发表在 *Strategic Management Journal* 上的著名论文中曾经总结了电子商务环境下企业竞争优势的四个来源：效率、锁定、互补和新颖，作为贯穿整个商业模式的逻辑线条。第二类要素是将价值主题实现的行动系统（Activity System）。行动系统包含两方面的含义。首先，实现价值主题需要多个行动而不是单个行动实现。这些活动分为活动内容、活动结构和活动治理三个方面。行动系统涵盖了市场定位、产品设计、生产制造、内部资源配置以及外部合作网络等活动。其次，这些活动应该相互匹配、相互促进。不仅各个行动之间需要实现配合，还需要将行动与外部环境匹配，更要服务于整个商业模式的价值主题。因此，商业模式强调通过系统塑造竞争优势，而不是仅仅考虑内部资源或外部环境的影响。

截至目前，Amit 和 Zott 提出的活动系统观点是接受最广泛的主流观点。该观点明确了商业模式的本质是价值创造和价值获取的活动系统。因此，本书沿用 Amit 和 Zott 的观点，将商业模式创新界定为：建立新的价值创造和价值获取的活动系统的创新行为。因此，商业模式创新包括两个步骤：第一，识别新的商业模式创新的机会，构思新的商业模式；第二，能够通过试错将新的商业模式变成实际运作的商业系统。两个步骤相互嵌套，共同构成了商业模式创新的核心环节。在施行过程中更多地是试错学习的过程，在这个过程中往往需要对整个商业模式进行优化调整。

当前，研究对于商业模式创新的分类主要有创新要素和总体特征两个角度。早期商业模式创新的研究主要从创新要素方面进行分类。例如，盈利模式的创新性、营销创新等。然而，这种划分方法存在严重的理论缺陷。第一，这些要素与原有的理论概念有诸多重叠。例如，盈利模式创新难以和原来的营销创新区别。这导致要素方面的描述很难揭示商业模式创新的本质。第二，分类标准混乱，难以得到统一。由于各个学者关注的商业模式要素不同，商业模式创新的划分标准难以一致，导致文献之间的比较和延伸难以继续。

与要素角度不同，越来越多的学者从商业模式整体特征进行创新分类。本书沿用这种思路进行商业模式创新的分类。商业模式创新的本质在于改变价值创造和价值获取的方式，整体特征能够跳出要素内容的局限，充分反映商业模式创新的本质。在采用商业模式特征进行分类的研究中，被广泛接受的是 Amit 和 Zott 的分类。在他们的研究中用创新主题反映整体特征。

根据 Miller（1996）的研究，Amit 和 Zott（2007）认为，企业要么从模仿当前的商业模式的基础上进行改进，要么设计全新的商业模式，最后发现新颖和效率是商业模式设计的两大主题。本书沿用 Amit 和 Zott（2007）的分类方法，将商业模式创新区分为效率型商业模式创新和新颖型商业模式创新。研究之所以沿用该分类主要是因为：第一，Amit 和 Zott 的这种分类方法得到了商业模式创新领域的普遍认同。以此分类作为基础的研究先后发表在 *Organizational Science* 和 *Strategic Management Journal* 等世界顶级期刊上，是商业模式创新研究中引用次数最多的论文。第二，这种分类方法有更坚实的实证基础。虽然很多研究都提出了商业模式创新的分类，但由于这些分类大多基于研究个别企业，缺乏可靠的测量和大样本实证研究基础。而 Amit 和 Zott 的分类方法早在 2007 年就进行了严谨的测量和大样本实证分析的检验。因此，Amit 和 Zott 的这种分类方法更加可靠。第三，理论方面更加清晰。与其他分类方法不同，Amit 和 Zott 依据创新主题进行划分，根据商业模式的整体商业逻辑而不是要素形式或创新程度区分商业模式创新。

效率型商业模式创新是指致力于降低交易成本的商业模式创新。效率型商业模式创新经常是在模仿现有的商业模式基础上进行改进，主要通过降低信息不对称、降低交易复杂度、降低交易差异差错等改进商业模式。新颖型商业模式创新是指创造全新的商业模式的活动。例如，连接新的交易主体、以新方式与现有合作者开展交易、设计新的交易机制等。尽管这两种设计主题之间并不是完全互斥的，但两类商业模式在设计主题和行动系统要素方面有较大差异。如表 3.2 所示。

表 3.2　两类商业模式创新差异

比较项目	效率型商业模式创新	新颖型商业模式创新
价值主题	效率	新颖
创新范围	围绕效率改进现有的商业模式	以新的价值主张为基础构建全新的活动系统
价值主张	价值主张不变，改变价值主张的实现系统	改变价值主张和实现系统
活动系统要素		
活动内容	降低交易成本的活动，例如规模效益、网络效应、信息共享、辅助搜索等	新的交易内容
活动结构	交易流程简化、界面标准化等	交易流程重构和新交易方式
活动治理	交易监督、降低交易风险、机会主义	新交易伙伴
理论根源	交易成本理论	熊彼特创新理论
创造优势的机理	降低交易成本	创造新价值

注：作者根据 Zott 和 Amit（2001，2007，2008，2010，2013）等研究整理。

效率型商业模式创新主要是围绕效率改进现有的商业模式。例如，改变交易系统和信息分享方式来提高供应商与企业的交易速度，用新的方式降低与顾客交易中的信息差错等。这种商业模式创新一般不改变现有活动系统的结构和商业逻辑，主要通过更换连接方式提高交易效率。因此，在商业模式的活动内容上以降低交易成本的活动为主体，简化交易结构、提高交易治理水平降低交易风险，从而提高效率。效率型商业模式主要通过降低整个商业模式的交易成本实现价值创造。而新颖型商业模式创新则会打破既定商业模式的交易结构，往往会探索新的交易内容、交易方式以完成新的价值主张。新颖型商业模式创新主要通过塑造并实现新的价值主张实现价值创造。

从创新程度看，新颖型商业模式创新比效率型商业模式创新的创新程度更高。效率型商业模式创新强调保持价值主张不变而提高实现价值主张的效率。而新颖型商业模式创新强调改变价值主张，并塑造新的价值实现的活动系统。例如，易流公司通过实现车队管理平台的搭建，通过共享信息降低了车队空载、物料与车队对接存在的错误等，降低了既定商业主体的交易成本。然而，创造价值的内容却没有重大差异。而 360 通过组合广告和免费软件模式，改变了价值创造的内容和新价值创造的活动系统。效率型商业模式创新的参考点主要是原商业模式的效率，而新颖型商业模式的参考点主要是原有商业模式的价值主张和活动系统的内容。

两类商业模式创新都对企业绩效有潜在影响。创造价值是企业获取企业绩效和竞争优势的前提。价值创造是商业模式的本质所在。商业模式创新通过改变价值创造和价值获取的方式影响企业绩效。商业模式创新影响企业绩效的能力取决于价值的总量和创新企业攫取价值的能力。商业模式的改变，要么能够加强顾客购买意愿，要么能够通过提高交易效率降低供应商和合作伙伴的机会成本。新颖型商业模式创新能够通过新方法创造新的价值，而效率型商业模式创新能够通过降低成本、提高效率来创造价值。

商业模式创新对企业绩效的影响不仅取决于商业模式创造价值的能力，还取决于企业从商业模式创新中获取收益的能力。Teece（1986）在技术创新收益获取的研究中提出，从技术创新中获取收益取决于攫取规制、互补性资产和主导设计的出现。以此为基础的创新价值攫取理论提出，创新者不一定是创新收益的占有者。创新历史上众多的例子说明，创新不一定给创新者带来最大收益。价值攫取能力取决于制度对创新成果的保护强度、创新者是否拥有互补性资产和创新所处的技术周期。创新创造的总收益并不能被创新者独占，而是由顾客、竞争者或模仿者、互补性资产的拥有者等主体共同占有。如果创新成果被正式制度保护得非常好，企业有充分的时间继续完善技术和自建互补性资产，那么能够获取较多的创新收益。然而，很少有制度能够对创新成果形成严密的防护。即使在发达的西方国家，仍然盗版盛行，模仿和技术泄漏严重。因此，制度保护是否完善是决定企业能否获取创新收益的重要因素。

除了制度保护之外，互补性资产的获取和占有成为决定创新者能否获取创新收益的又一重要因素。尤其是在制度保护非常不完善，创新成果很容易被模仿的情况下，企业能否获取创新收益基本取决于互补性资产的占有程度。互补性资产的获取受到制度和市场竞争环境的深刻影响。竞争是市场机制的核心所在，竞争强度决定了市场配置资源的效率和资源获取的成本。在不同的制度环境和市场竞争环境中，创新企业获取互补性资源和保护技术优势的能力有显著差异。

尽管该研究被后续关注技术创新收益获取的研究广泛应用，但这一研究针对的对象是技术创新而不是商业模式创新。在当前对商业模式与企业绩效之间关系的研究中，仅 Desyllas 和 Sako（2013）关注了如何从商业模式创新中获益的问题。他们沿用了 Teece 提出的框架分析了专利保护、版权、商标、商业秘密、利益攫取制度对商业模式收益获取的影响。研究认为，商业模式创新收益的获取需要正式制度保护和互补性资产作为基础。不论是制度还是互补性资产，其都属于企业难以控制的外部资源。因此，商业模式创新收益的获取会受到外部环境的影响，Amit 和 Zott（2007）提出，环境包容性对商业模式创新与企业绩效的关系有调节作用。因此，根据价值创造和收益获取的分析，新颖型商业模式创新能够通过新方法创造新的价值，而效率型商业模式创新能够通过降低成本、提高效率来创造价值。商业模式创新，作为多主体共同参与的价值创造和收益获取过程，对企业绩效产生重要影响。更重要的是，价值创造和收益获取的过程需要多主体参与，其交易过程和互补性资源的获取都受到竞争环境特征的影响。因此，根据创新收益攫取观点，竞争环境决定了商业交换交易成本和互补性资源的获取成本，对商业模式创新企业能否获取创新收益有深刻影响。

3.1.2 商业模式创新与竞争环境特征

以往商业模式创新对中国转型环境特征的影响缺会针对性的分析。以往研究对环境的刻画有两种分类方法：第一种分类方法是从环境总体特征出发，从环境动态性、包容性、复杂性等维度描述环境特征。例如，Zott 和 Amit（2007）分析了环境包容性对两类商业模式创新与企业绩效之间关系的调节作用。第二种分类方法主要按照变化来源将环境区分为需求环境、竞争环境、技术环境等。

以上维度很难直接针对性地体现中国独特的转型环境特征。自 2000 年以来，众多学者将中国、俄罗斯等在内的经济体区别看待，将中国和俄罗斯等国家视为转型经济国家，并在此基础上提出转型经济国家有独特的竞争环境的观点。这些研究都认为，中国转型经济环境与其他国家的最大不同在于基本制度转型与市场竞争的发展相互交织。Li 等（2013））在战略领域有显著影响力的 *Strategic Organization* 期刊上发表论文，提出了新的框架来分析转型经济国家的竞争环境。研究提出，中国转型情境下的竞争环境具有制度不确定和市场不确定的典型特征。制度转型过程中制度力量和市场力量相互交织。与发达市场国家不同的是，市场和制度的双元力量长期主导了中国的竞争环境。

因此，本书针对中国制度转型背景的特征，将企业所处的竞争环境区分为制度和市场两个维度。本书依据制度理论的主要观点和相关的实证研究成果描述制度维度。制度理论起源于近 30 年来新制度经济学家和社会学家的研究。在管理学领域，逐渐产生了重要影响。Peng 等（2009）总结了战略管理的理论视角，提出制度视角是继产业组织视角和基于资源视角的第三个基点，形成了战略管理研究的三个支柱。制度为社会活动建立了稳定的互动结构和规则，能够降低交易成本。中国市场化改革的过程中，制度对市场资源配置规则进行规制。交易主体之间的资源交换活动受到制度规则的显著影响。

制度发挥作用关键在于违规成本线和惩罚是否严格。作为一种游戏规则，正式和非正式的制度、制度执行的有效性共同构成了整个游戏的特征。资源交换过程中，很多主体经常靠犯规策略来获胜或威胁对方，这种犯规策略是否奏效完全取决于制度监督和执行是否严格，有时候甚至遵守规则反而会限制自己。North（1990）区分了制度框架与组织机构，提出分析制度成本的过程中必须区分制度框架本身和制度框架下参与者的特征。制度提供了游戏规则，而参与游戏的主体，目标是如何通过技能、战略、协调赢得比赛，制定战略和制定制度是两个截然不同的过程。任何组织的存在和发展都受到制度框架的影响。

Li 和 Atuahene-Gima（2001）最早提出在中国制度转型的情境下，竞争环境不同于以往的市场经济成熟的国家。他们的研究提出，由于新的制度尚未完善，转型经济国家的竞争环境经常存在制度不完备性、制度执行体系不健全、执行不严格等方面的缺陷，导致这些国家竞争环境中存在恶性竞争（Dyfunctional Competition）。Sheng 等（2011）也进一步更清楚地刻画了制度不确定，提出制度执行失效是制度不确定的重要诱因。这些研究都表明，制度执行失效是中国制度转型环境的重要特征。本书在制度理论和前期实证研究的基础上，用制度执行失效描述制度执行效率不高的程度。

制度执行失效主要是由于政出多门、制度本身的模糊性，缺乏制度执行监督体系、部门间协调困难以及缺少足够的执行资源。制度理论认为，正式制度是指导市场经济活动的规则体系，是整个经济系统的游戏规则。严格合理的游戏规则能够在整个社会范围内降低交易成本，让市场交易风险下降，也是引导整个市场资源配置的重要力量。然而，这一目标的实现根本在于正式制度执行效力。商业模式作为多主体参与的共同创造价值、分享收益的交易结构，其效率同样受到制度环境的影响。商业模式作为商业逻辑及其活动系统，其落地执行都依赖于资源。资源和商业模式是一个硬币的两面。新的商业模式创造价值的过程需要顾客、供应商、互补性资产拥有者之间进行频繁的资源交换，这种资源交换是跨企业边界的资源交换。这种跨边界的资源交换依赖制度规则。不论是价值创造过程还是收益获取过程，都受到制度规则的深刻影响。因此，制度执行失效会显著影响商业模式创新与企业绩效之间的关系。

除了制度维度之外，竞争维度也是中国转型过程中竞争环境的重要特征。自 1978 年以来的市场化改革其实质上就是市场力量提升的过程，主要以竞争程度的提高为标志。从计划经济向市场经济的转型过程是将资源配置的力量从政府向市场释放的过程。竞争是市场引导资源配置的重要力量。市场效率理论也认为，有效竞争会直接影响资源配置和使用效率。整个市场的竞争强度决定了互补性知识、信息获取的效率和要素使用效率，决定了与之匹配的商业模式创新的效率。因此，本书在以往研究基础上将竞争强度界定为市场竞争的激烈程度。利用竞争强度刻画市场力量的强弱。

新商业模式实现价值创造的过程是指资源重新配置的过程。制度和市场是配置资源的重要力量。在中国制度转型背景下，制度执行失效和竞争强度代表了制度和市场力量配置资源的特征。根据创新收益攫取理论的观点，制度执行失效和竞争强度决定了商业模式创新企业获取创新收益所需要的互补性资源的获取成本。因此，制度执行失效和市场竞争强度会对商业模式创新与企业绩效之间的关系有显著的调节作用。在不同的外部环境下，企业需要针对性地设计不同的商业模式以推动企业绩效。

3.1.3 外部学习与商业模式创新

商业模式创新在网络环境下成为竞争优势的重要来源。然而，以往研究对如何推动商业模式创新仍然缺乏深入的研究。Hamel（2000）在“变革时代”中指出，新商业模式的价值创造机制往往超出了熊彼特创新、价值链重构、战略合作网络的形成，核心能力开发等价值创造机制。商业模式创新的实质是打破行业既定的商业逻辑，构思新的商业逻辑和新的价值创造系统。塑造新的价值创造系统需要重新定位价值主张、重新设计组织流程及合作网络，重新构建资源基础等。这些活动经常需要企业挑战原有的价值观、资源基础和流程。因此，惯性是商业模式创新的最大障碍，包括资源惯性、能力惯性和价值观惯性都会成为制约企业商业模式创新的阻力。

Nelson 和 Winter（1982）是最早正式论述组织惯例的学者，在他们对于能力起源的研究中认为，企业能力的演化是以组织惯例为基础的。惯例作为能力的基础，具有良好的延续性，能够提高组织效率。然而，这些特征也会导致企业在剧烈的环境变化中难以及时调整和培养新的惯例。尽管面临改变的压力和需要，企业仍然沿着原来的惯例对外部环境做出反应，体现出较强的组织惯性。Hannan 和 Freeman（1984）在组织生态学的经典论述中分析认为，组织惯例能够帮助企业建立稳定的结构，但也会导致组织难以适应剧烈变化的外部环境。Leonard-Barton（1992）在核心刚性的经典论文中提出，企业的惯性不仅来源于知识技能基础的刚性，还来源于价值观的刚性。知识基础和流程的改变受到价值观的影响。Gilbert（2005）重新梳理了惯性的研究，分析认为惯性来源于惯例和资源。资源惯性是指既定的资源投入约束了组织学习的范围和动力，从而导致，面对环境变化，组织仍然以既定的资源基础开展经营。惯例作为协调资源的组织过程，其变化涉及更多的部门协作，往往难以实现对环境的及时适应。

Christensen（2013）提出，惯性的来源不仅是资源和惯例，更重要的是价值观的惯性。这种价值观的惯性之所以出现，是由价值创造的网络嵌入性决定的。研究提出，任何产品或服务的价值创造过程都是多个利益相关者主体共同完成的。现有企业围绕现有产品和服务经营的过程中，形成了嵌入在价值网络之内的惯例，这些惯例和流程往往难以在新的产品中应用。不同的产品/服务需要不同的价值网络体系来经营。商业模式创新，作为多个利益相关者共同创造价值和获取收益的行为系统，也具有网络嵌入性。这种网络嵌入性决定了改变商业模式实质上是改变交易的参与者、价值创造机制、收益获取和分配方式等网络惯例。因此，商业模式创新往往需要打破现有价值网络的惯例。商业模式创新需要打破沿袭多年的行业套路和认知惯性。

打破惯性最好的途径是接触新的知识和信息。组织学习理论认为，外部学习是打破惯性的重要因素。Chesbrough（2006）提出，商业模式创新的过程实质上是开放式学习的过程。Christensen（2013）提出，惯性往往是由于既定的价值网络限制了价值网络之外的学习。因此，开放学习的过程中，企业应该打破局限于价值网络之内的学习，而向价值网络之外的主体开展更广的学习，以扩展和打破现有价值网络带来的认知惯性。因此，本书将外部学习区分为行业内学习和行业外学习。行业内学习是指向既定的顾客、供应商、同行等现有价值网络成员学习的活动。而行业外学习是指向既定价值网络之外的政府、科研机构、其他行业的企业、协会等进行学习的活动。两类学习能够为商业模式设计提供不同的信息和资源，成为影响商业模式创新的重要因素，表 3.3 比较了行内学习和行业外学习的区别。

表 3.3　行业内学习与行业外学习对比

对比特点	行内学习	行业外学习
学习范围	既定的价值网络内	既定的价值网络外
内容特征	同质性高	异质性高
学习难度	容易吸收利用	难吸收利用
结果	应用性	探索性
参考文献	Christensen（1997，2001）；Geletkanycz and Hambrick（1997）；Atuahene-Gima and Murray（2007）；Boso et al.（2013）	

行业内学习和行业外学习在学习范围、学习内容、学习难度以及结果方面存在显著差异。两类学习能够识别到的商业模式创新机会有很大不同。行业内学习主要着眼于现有价值网络内的知识和存在的问题，难以跳出既定价值网络和商业逻辑，更容易关注内部匹配带来的效率提升机会。而行业外学习能跳出既定的价值网络和商业逻辑，接触到不同的商业活动系统，识别到差异性较大的创新机会。更重要的是，不同学习渠道所获取的知识和内容的价值也有区别。行业内学习获取的知识和信息往往与既定的价值网络相联系，而行业外学习获取的知识和信息往往与价值网络外的商业活动相联系。因此，两类开放学习对商业模式创新有不同的影响。

尽管外部学习有利于打破既定商业模式带来的惯性，帮助企业识别到商业模式创新的机会，但并不是所有企业都能够开发识别到的机会。例如，“互联网+”给众多企业创造了很多商业模式转型的机会。其中 APP 模式一度成为商业模式转型的代表路径，然而，Apple Store 每月上线的 APP 高达 10 万个，能够运营成功的却寥寥无几。究其原因在于，很多企业未能根据新的商业模式重构内部资源和建立新的合作网络。从理论上看，众多企业未能构建匹配的动态能力将外部学习的作用发挥出来。

3.1.4 动态能力与商业模式创新

商业模式创新不仅需要通过广泛地学习新的商业逻辑以重新构建价值创造和价值获取的主导逻辑，还需要重构资源将新的商业逻辑转换成新的行动系统。动态能力理论提出，企业要想重新构建资源需要建立动态能力。在商业模式创新的研究中，Bock 等（2012）、Sheehan 和 Stabell（2007）、Doz 和 Kosonen（2010）、Achtenhagen 等（2013）等都提出商业模式创新需要构建相适应的动态能力。然而，他们的案例分析未能清晰地识别出需要的动态能力类型。

动态能力的划分在以往文献中一直难以统一，Eisenhardt 和 Martin 提出，动态能力的划分要以问题和行为为基础。这表明动态能力的划分具有情景依赖特征，需要针对商业模式创新的特点进行划分。就商业模式创新而言，企业不仅需要重新构建内部资源，还需要重新构建外部资源。例如，陕鼓集团通过价值主张的重新定位从产品模式转向了服务模式。在此过程中，企业不仅调整了内部的组织结构、重新开发了远程监控系统、重组了内部的服务内容，还引入了银行、担保机构等组织提供新的资源。苏宁易购在将商业模式由实体销售转变成线下、线上相结合的商业模式之后，不仅重新整合了内部的服务资源，还引入了阿里巴巴等众多新的合作伙伴。雷士照明在从照明产品模式向光环境服务模式转型过程中，不仅重新调整了产品类型和产品线，还引入了设计公司等新的合作伙伴。这些实例表明，商业模式创新与技术创新等其他类型的创新活动本身不同的是，商业模式创新既需要内部资源的重构也需要构建新的伙伴关系。根据 Zott 和 Amit 提出的活动系统观点，商业模式和资源重构之间有密切联系。活动作为商业模式的构成各要素，都需要资源来完成。新的商业模式需要重新设计活动系统，也自然需要重构内部资源和外部资源。

在动态能力理论研究中，内部资源重构能力（Resource Reconfiguration）是指企业对内部资源的重新组合的能力。传统的动态能力研究主要作为基于资源观点的延伸，动态能力不论是以什么形式出现，其作用机制都是重构企业内部有价值、稀缺、难以模仿和难以替代的资源基础。内部资源作为商业模式的基础，随着商业模式的变化也应该随之重构。

联盟管理能力是指企业管理联盟关系以实现内外部资源协同和网络资源优化的能力。资源协同是指将自身资源与合作伙伴的资源进行互补，发挥联盟伙伴或者自身资源优势。资源优化是指根据合作需要和环境变化对潜入在合作网络中的资源进行整体优化的活动。继基于资源的观点之后，战略网络观点以及基于关系的观点都提出，企业的竞争优势可能也来源于嵌入在外部合作关系中的资源。对商业模式这一分析层面而言，外部资源的作用尤其突出，如果没有银行、软件企业、供应商和顾客的资源，淘宝仅仅依靠内部资源是无法实现新的商业模式的。因此，内部资源和外部关系资源共同构成了商业模式的资源基础。所以，商业模式创新不仅需要重构内部资源，还需要重塑外部合作网络。因此，企业需要根据新的商业模式重新在合作网络伙伴间进行选择，实现资源优化和资源协同效应。研究将这种能力界定为联盟管理能力。内部资源重构能力和联盟管理能力有利于企业在识别到商业模式创新之后，通过重构内外部资源基础将新的商业模式构想付诸实践，转换成现实的行为系统。内部学习和外部学习能够帮助企业识别商业模式创新的机会，而资源重构能力和联盟管理能力能够帮助企业实现创新机会的开发。

根据以上讨论，商业模式创新需要设计适合的外部学习方式以发现商业模式创新机会，在此基础上需要构建匹配的动态能力来降低机会开发风险。具体而言，行业内学习和行业外学习对商业模式创新有重要影响，而内部资源重构能力和联盟管理能力的高低则决定了学习识别到的机会是否会转化、会加强或削弱两类学习对商业模式创新的影响。而由于商业模式创新创造价值的过程是焦点企业与合作系企业共同形成的商业系统，商业模式获益过程依赖外部的环境条件。因此，研究在商业模式的文献基础上，依赖学习理论、动态能力理论和制度理论构建了理论模型，如图 3.1 所示。

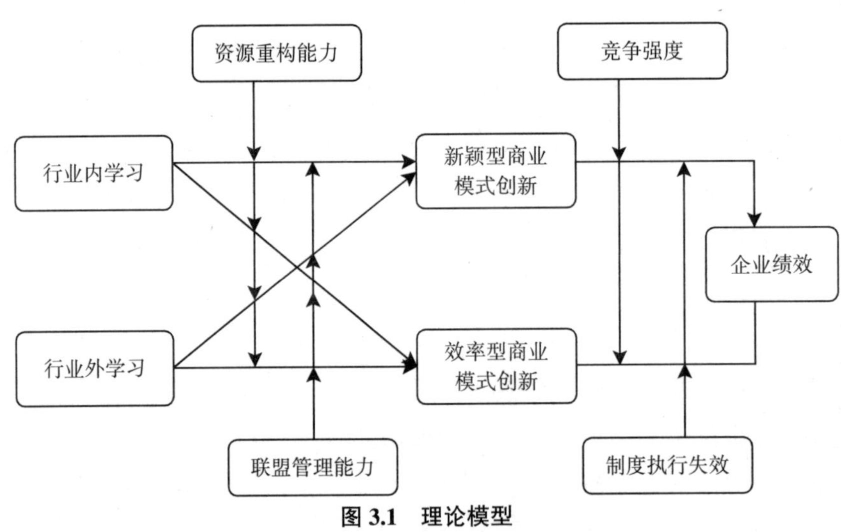

图 3.1 理论模型

3.2 假设提出

3.2.1 商业模式创新与企业绩效

价值创造和收益获取是商业模式创新推动企业绩效的基础。新的商业模式之所以能够提高企业绩效在于其创造新价值，并能够提高价值获取的能力。Christensen 提出，多主体参与价值创造和收益获取过程从而形成价值网络。价值往往是多个利益相关者共同创造的，创造的收益也被多个利益相关者分享。Teece 在对创新收益获取的研究中指出，价值创造是企业、顾客、供应商、互补性资产的拥有者等交易主体共同完成的，这些主体都会参与价值分享。因此，企业能够获取创新收益决定于商业模式创新是否创造了新的价值空间以及能否在新价值的分享中占有优势。Zott 和 Amit 研究了创业企业商业模式创新对企业绩效的影响。商业模式创新能够提高价值创造能力和价值获益能力，从而能够促进企业绩效。

价值创造方面，Hamel 指出，新商业模式是价值创造的重要途径，其价值创造机制往往超出了熊彼特创新、价值链重构、战略合作网络的形成、核心能力开发等价值创造机制。Amit 和 Zott 发现，新的环境下价值创造的焦点已经超越企业和行业边界。商业模式扩展了公司的资源，覆盖了供应商、合作伙伴、分销渠道和其他合作者。Giesen 等（2007）认为，商业模式创新能够帮助企业创造新的市场，或帮助企业在现有市场中更有效率，从而帮助企业获取更多的价值。Mitchell 和 Coles 指出，商业模式创新能为企业带来先行优势，改进传递价值给顾客和借此获取盈利的维度，大大提升企业在销售、利润和现金等方面的绩效。Afuah（2004）、Afuah 和 Tucci（2001）从理论上分析了商业模式对企业绩效的影响。Seelos 和 Mair（2007）认为，商业模式是一系列能力的组合，这些能力组合起来帮助企业创造价值。Chesbrough 和 Rosenbloom（2002）通过详细的案例分析展示了 Xerox 如何通过采用适当的商业模式促进企业成长的过程。Björkdahl（2009）利用商业模式的概念研究了技术多元化和互动效应，提出将新技术整合到现有产品的技术基础中会打开新的技术和性能空间，这需要新的商业模式以获取经济价值。Calia、Guerrini 和 Moura（2007）提出，商业模式创新不仅会改变公司的运作绩效，还有利于提高财务绩效。Johnson 和 Suskewicz（2009）指出，商业模式对整个行业都很重要，企业的注意力应该从单个技术开发转变到整个系统开发上。这些研究表明，技术本身并不会产生价值，除了将技术嵌入在产品和服务中，企业还需要设计独特的商业模式以实现技术的商业潜力。价值获取能力方面，Zott 和 Amit 的研究指出，发动商业模式创新的企业能够在价值分享中占有更多的优势。根据以上机制，本书认为新颖型商业模式创新与效率型商业模式创新都会促进企业绩效。

首先，新颖型商业模式创新对企业绩效有促进作用。价值创造能力方面，新颖型商业模式创新通过发现新市场和新的价值主张来帮助企业创造更多的的价值。熊彼特的创新理论提出，将生产要素进行重新组合是企业内生增长的重要途径。新颖型商业模式创新的实质是对商业模式要素的重新组合，能够帮助企业找到新的市场缝隙。例如，陕鼓集团通过重新定义价值主张，提出将制造服务化让多年亏损的国有企业重新焕发生机。雷士照明通过重新定义价值主张，发现中国大部分购买灯具的客户并不在乎该行业多年来认为的照明性能，而更关心外观设计是否美观。通过重新进行价值定位、内部部门的重新整合和外部关系的重新塑造，构建了全新的商业模式从而在与索尼等企业的竞争中获取明显的竞争优势。新颖型商业模式根据新的价值主张重新设计交易内容（例如，新产品和服务）、交易结构（例如，新的合作关系）和交易治理方式。重新构建的价值创造方式与同行企业产生较大差异化优势，跳出单纯的工艺、产品的竞争，形成了更高层次的竞争。价值获取方面，进行新型的商业模式往往让企业成为整个合作网的中心。由于企业主导了重新构建的合作网络，因此在价值攫取方面往往具有较大优势。例如，雷士照明在重新构建商业模式后，原来按照家装公司对用户提出的需求购买灯具的行为转变成雷士照明按照自己独特设计向用户推广，议价能力产生明显的逆转，显著加强顾客购买意愿。因此，新颖型商业模式创新不仅能够帮助企业创造更多价值，也能帮助企业提高价值攫取能力。

其次，效率型商业模式创新也会促进企业绩效。效率型商业模式创新创造价值的核心逻辑是通过提高交易效率、降低交易成本而推动绩效。效率型商业模式创新的理论基础更多的是交易成本。Zott 和 Amit（2007）将效率型商业模式创新看作是对行业内既定商业模式的改进，能够通过降低成本、提高效率来创造价值。但是，效率型商业模式创新的作用不局限于对既定商业模式的改进，通过重新组合商业模式的要素也能够帮助企业实现效率的提高。效率型商业模式创新更多地是建立新的商业交换机制以降低交易成本。在众多的价值主张中，成本和效用是重要的内容。波特的战略研究将战略区分为低成本和差异化。然而，这些价值定位和价值创造的考虑更多地局限在企业内部和价值链内部，未能扩展到整个商业生态系统。商业模式创新的研究更多地从整个商业系统角度考虑交易成本的问题。效率型商业模式创新能够从系统匹配、合作流程、交易过程、交易差错和交易信息等方面降低交易成本。不仅局限于中心企业的成本降低，更通过商业生态系统的重构来降低整个系统的交易成本。因此，效率型商业模式创新能够通过重塑生态系统来降低交易成本从而创造价值。例如，Dell 创造的面向顾客的直销模式替代了传统的销售模式。超市和大型卖场通过降低在线渠道中消费者购买过程中的搜索和比较成本来创造价值。在线购物网站通过重新构建供应商、网站、存储、物流配送等多个企业构成的价值链来降低购物成本，通过新一代技术的应用来提高交易效率。这些活动大大降低了交易风险，简化了交易流程，降低了交易成本，从而创造了价值。价值获取能力方面，开展效率型商业模式创新的企业同样容易成为整个商业网络的核心，例如淘宝、京东、国美、苏宁都成为新商业模式的核心企业，形成了较强的议价能力。因此，效率型商业模式创新同样能够促进企业绩效。根据以上分析，研究提出：

假设 1a：新颖型商业模式创新对企业绩效有促进作用。

假设 1b：效率型商业模式创新对企业绩效有促进作用。

3.2.2 竞争环境对商业模式创新与企业绩效关系的调节作用

从价值攫取角度的分析认为，商业模式创新对企业绩效的影响受到竞争环境的影响。在我国基本制度转型情境下，竞争日益激烈的同时伴随着制度转型的不确定性。竞争作为市场配置资源的手段，对企业商业模式创新执行过程中资源配置效率有影响。而制度作为市场交易的游戏规则，决定了商业模式创新中交易成本的大小。对中国企业而言，基本制度正由以计划经济为导向的制度体系向以市场经济为主体的导向转移，新制度的设计和实施涉及市场交易的多个方面，制度的有效性仍然存在诸多问题。因此，制度执行的有效性决定了市场交易成本。而新商业模式由于具有跨企业边界的特征，依赖合作网络的重新构建和治理以实现新的价值创造方式。新商业模式需要中心企业与外部合作伙伴充分交换资源，这个过程是否顺利受到制度有效性的直接影响。因此，竞争强度和制度执行失效程度对商业模式创新与企业绩效之间关系具有潜在的调节作用。

3.2.2.1 竞争强度的调节作用

竞争强度对商业模式创新与企业绩效之间的关系有显著的调节作用。竞争强度是指市场竞争的激烈程度。竞争是市场配置资源的核心力量，往往由竞争者数量和市场成长性决定。竞争越激烈，资源获取和使用成本越高。商业模式创新，作为多主体共同参与的价值创造和收益获取系统，其交易过程和互补性资源的获取都受到外部环境特征的影响。效率型商业模式主要依靠对现有商业模式的改进，降低交易成本来创造价值，而新颖型商业模式主要依赖建立新的合作关系、新交易方式和惯例来创造价值。在资源的需求方面，效率型商业模式创新更多依赖于现有资源，通过改进交易流程、降低交易差错来提高交易效率，而新颖型商业模式创新则需要更多地依赖新资源和新合作伙伴来创造全新的模式。

当竞争强度较低时，同行竞争者较少，商业模式运行所需要的资源更加容易获取。例如，在马云初创阿里巴巴和刘强东初创京东商城时，同类的竞争者数量较少。淘宝商业模式构建过程中所需要的新的资源组合并没有嵌入在竞争对手的资源框架内。京东商城初创期所需要的物流资源、供应商资源和 IT 资源也并没有竞争对手与之争夺。此时，不论是淘宝还是京东商城，需要的资源存量更多，资源包容性较高。新商业模式需要的全新资源更容易获取。因此，在竞争强度较低的情境下，开展新颖型商业模式创新的企业更容易获取资源。

在竞争强度低的环境下，资源包容性为全新商业模式的试验提供了有利条件。由于资源包容性较强，企业有更多的资源可以分配给全新的商业模式进行试验，从而能够降低新商业模式执行过程中的风险。例如，腾讯在开始创业的过程中，试验过注册 QQ 收费、第三方广告等多种商业模式。在不断的试验过程中，建立了双边市场模式作为主导的商业模式。腾讯新商业模式的构建得益于创始阶段较低的竞争强度带来的市场包容性。因此，在低竞争强度下，全新商业模式创造价值的风险降低。

更重要的是，当竞争强度较低时，竞争对手对抗性反应的可能性较少，更有利于新商业模式的价值创造。市场的包容性往往为缓冲竞争压力提供了有利条件。例如，市场规模较大时，即使竞争对手采取全新的商业模式，但竞争对手满足于当前的盈利状况很难快速有效地做出反应。例如，柯达在面对数码相机厂商（如佳能、奥林巴斯等）的竞争时，仍然沉浸在胶卷相机市场中。在京东商城建立电商平台过程中，国美和苏宁初期仍然满足于既定市场地位而未能及时进入。后期竞争压力逐渐增大时才建立国美在线和苏宁易购等业务加以对抗。

与低竞争强度的环境相比，当竞争强度较高时，资源抢夺的成本较大，竞争对手的对抗性反应也会提高。当竞争强度较高时，要么产品的同质化较强，要么竞争数量较多。有价值的资源往往都被充分挖掘，获取新资源的成本迅速上升。例如，淘宝目前面临着京东商城和众多云商平台的竞争，建立全新商业模式需要的资源往往更加难以获得。此时，对资源要求越多的商业模式越是难以执行。同时，在竞争强度强的环境下，竞争成功是威胁企业成功最重要的力量之一。竞争对手之间相互对抗性急剧提升。例如，京东商城从销售电器扩展到图书百货时，当当网立刻以大促销做出回应。此时，竞争对手建立全新的商业模式时，竞争对手的对抗性反应会让新商业模式创造价值的风险急剧上升。因此，当竞争强度较高时，新颖型商业模式创新往往更难获取资源，并更容易受到竞争对手的攻击。而与新颖型商业模式创新不同，效率型商业模式更加关注对现有商业模式的改进和效率的提高，需要的资源与现有资源同质性较强。竞争强度较高时，竞争优势更加依赖效率。通过重新组合要素降低交易成本的效率型商业模式更适合竞争强度较高的环境。根据以上分析，研究提出：

假设 2a：竞争强度削弱新颖型商业模式创新对企业绩效的促进作用。

假设 2b：竞争强度加强效率型商业模式创新对企业绩效的促进作用。

3.2.2.2 制度执行失效的调节作用

商业模式作为多主体参与的共同创造价值、分享收益的交易结构，其效率也同样受到制度环境的影响。Zott 和 Amit 早期在对效率型商业模式创新和新颖型商业模式创新与企业绩效关系的研究中，分析了市场包容性的影响而没有研究制度环境的影响。对中国企业而言，制度环境是转型情境下必须应对的外部环境。自 1978 年以来的经济转型以基本制度转型为基础，逐渐塑造市场结构。这期间，市场力量的不断增强和市场机会的不断涌现均得益于经济制度从计划经济向市场规则的转型。与此同时，由于计划经济模式下的制度体系和市场规则下的制度体系并不相同。经济转型意味着要破除计划经济模式下的制度体系，建立以市场规则为中心的制度体系。在这一转型过程中，新制度的建立是不断演进的过程。与苏联的转型过程不同，中国采用的是渐进式制度转型。制度转型体现出先试验后推广的迭代模式。简言之，市场经济制度是逐渐完善的。在完善过程中，众多制度体系仍然比较粗放。更重要的是，制度体系作用的发挥不仅依靠完善的制度，还需要完善的执行体系。制度转型过程中不仅涉及制度完善，也涉及制度执行体系的改进。制度转型自身的规律决定了基于市场的制度总是渐进推进的，制度完备性和制度执行效率仍然较弱。

制度对于商业模式创新创造价值的过程有深刻影响。制度理论分为组织社会学和经济学两个流派。组织社会学派强调既定的制度规则对组织行为的影响。经济学派则更深刻地指出，制度规则之所以会改变组织行为，是因为制度规则会降低社会交换过程中的交易成本。组织会选择适应制度规则以降低交易成本。例如，组织会服从规则的要求以提高企业的正统性，从而降低新进入者缺陷带来的交易成本。经济学派以 North 的观点最具代表性。North 提出，制度是社会的游戏规则，能够降低经济交换成本。Peng 也指出，越是复杂的、难以监控的、信息不对称的交易活动越需要明确、完备的制度体系来降低交易成本。不论是价值创造过程，还是收益获取过程，都受到制度规则的深刻影响。

然而，在制度转型的过渡阶段，企业面临盗用知识产权、假冒品牌等不正当竞争，增加了整个社会的交易成本，使跨组织的资源整合难度提高。不论是效率型商业模式创新，还是新颖型商业模式创新，都涉及跨组织边界的资源交换。当市场上充斥着非法模仿、产品伪造和知识产权侵害等现象时，企业获取更多专业性知识和技术的成本将大大提高。由于专业性知识和资源的责任界限更难界定，更加难以在契约中明确，因此，合作过程中需要更多的保障措施和更多的信任投资以实现知识、技术和专业资源的转移。效率型商业模式是对既有的商业模式的改进，通过降低信息不对称和交易成本来创造价值。因此，效率型商业模式涉及的交易主体、交易规则和机会主义的治理方式往往经过多次检验，更加明确、有效。商业模式创新通过帮助企业链接新的交易主体、建立新的交易规则来创造价值。外部制度执行效率不高的情景下，由于新颖型商业模式构建需要各个利益相关者之间高强度的资源交换、知识贡献和交易规则的构建，新的商业体系、交易方式和交易规则的交易成本提高。例如，陕鼓集团塑造新商业模式过程中，需要银行等金融机构作为新的合作伙伴为客户提供贷款。如果制度执行风险较大，银行不愿意加入这一新的商业关系，或者提出的成本较高影响着新商业模式的塑造。雷士照明构建新商业模式过程中往往需要与家装设计公司共同合作，在制度执行不利的情况下，这种合作的成本也会更高。不论是新颖型商业模式创新还是效率型商业模式创新，其创造价值的过程都受到制度执行效率的影响。

更重要的是，制度执行效率还会影响企业从新商业模式中攫取价值的能力。新商业模式攫取价值比技术创新更加困难。由于很难以专利形式保护商业模式，商业模式创新的价值保护往往需要构建互补性的资源和合作关系。因此，降低合作伙伴的机会主义和互补性资源获取方面的风险，才是保证商业模式创新收益的最大保证。机会主义行为包括违背合作意愿、窃取商业模式所需资源等。例如，中国团购企业在2009年上线之后，1年半的时间内被大量模仿，团购网站从1家迅速攀升到5000多家。各个企业相互模仿，迅速降低了新商业模式带来的收益。陕鼓重新设计了商业模式之后开发了新的远程监控系统。由此可见，商业模式创新价值保护更多地依赖于资源的控制，而这种保护更多地依赖于法律法规系统而不是企业。法律法规的执行越是有效，企业间资源交换的机会主义行为越少。如果没有法律制度的保护，很容易被别的模仿利用，从而降低新商业模式带来的收益。因此，研究提出：

假设3a：制度执行失效削弱新颖型商业模式创新对企业绩效的促进作用。

假设3b：制度执行失效削弱效率型商业模式创新对企业绩效的促进作用。

3.2.3 外部学习与商业模式创新

当前的研究中对推动商业模式创新的要素仍然关注不足，研究多从惯性理论角度出发探讨商业模式的驱动因素。创新是对惯性力量的对抗，无论是技术创新，还是商业模式创新，都意味着破除原有的稳定结构和资源基础。惯性理论的研究指出，惯性来源于资源、流程和价值观。需要的资源基础、组织流程和价值观越新、范围越广，企业面临的惯性压力越大。根据Zott和Amit（2010）的研究，商业模式创新的过程包括商业模式的构想和转换两个步骤，这一过程的难点是新商业模式的构想，与一般的创新活动不同，商业模式创新不仅涵盖了内部资源的重构，还需要建立跨边界的新合作网络。因此，商业模式创新需要克服资源、流程和价值观带来的惯性压力。以往研究指出，新商业模式的构想必须打破既定的商业逻辑并且不断试错。惯性是组织学习理论研究的重要内容。Levinthal和March（1993）针对组织学习行为的研究指出，由于受有限理性的限制，组织学习活动更多地是局部搜寻和惯例决策。

要打破惯性，需要企业拓宽学习来源，接触新知识。以往组织学习强调企业内部各部门之间的信息交换和知识共享。随着外部合作的加速，学习理论的视角已经从企业内部向外部转移。特别是开放创新观点的提出，更让学习的范围进一步扩大。原有的学习理论主要关注组织内部的学习。后期，随着联盟合作实践的扩散，组织学习研究从组织内学习转变成组织间学习。近年来，创新研究中的开放创新理论中组织学习的范围进一步扩大。政府、行业协会、会议、供应商、顾客、同行都成为组织学习的渠道。在商业模式创新的研究中，Chesbrough（2006）进一步提出，商业模式创新的过程实质是开放式学习的过程，企业的知识获取活动已经从封闭模式转变成开放模式。

商业模式创新的实质是改变价值创造和价值传递的方式。商业模式创新需要突破原有的价值主张、价值创造和价值传递方式。因此，商业模式创新的起点是价值惯性。而这种价值主张、价值创造和传递方式往往嵌入在现有产品的价值网络中。围绕现有产品而建立的顾客、供应商、同行构成的价值网络在适应市场的过程中逐渐形成了稳定的价值创造和传递模式。因此，推动商业模式创新需要打破既定的价值网络带来的惯性。Christensen（1997）最早对破坏式创新的研究时提出，在位企业之所以难以应对破坏式创新是因为在位企业难以跳出现有价值网络的限制。Christensen（2013）提出，惯性往往是由于既定的价值网络限制了价值网络之外的学习。因此，企业应该打破局限于价值网络之内的学习，而向价值网络之外的主体开展更广的学习，以扩展和打破现有价值网络带来的认知惯性。随着跨界竞争的频繁上演和互联网作用的蔓延，越来越多的学者开始关注知识距离，关注行业外知识和行业内知识的重要差异。研究将外部学习区分为行业内学习和行业外学习。行业内学习是指向既定的顾客、供应商、同行等现有价值网络成员学习的活动，而行业外学习是指向既定价值网络之外的政府、科研机构、其他行业的企业、协会等进行学习的活动。两类学习能够为商业模式设计提供不同的信息和资源，成为影响商业模式创新的重要因素。

3.2.3.1 行业内学习与商业模式创新

首先，行业内学习会加强现有商业逻辑而抑制新颖型商业逻辑的构想。全新商业模式的实质往往是打破沿袭多年的价值创造和价值传递方式。同一价值网络内的企业往往通过多年的磨合逐渐形成了稳定的模式。例如，房地产企业长期以来采用设计、施工、销售、物业的线性开发模式。行业内学习往往只能学习到行业内的价值主张、价值创造和传递的方式。商业模式创新需要的是跨行业的学习。例如，万达集团打破了沿袭多年的商业套路，在招标和设计环节就与顾客共同协商，打造城市综合体。淘宝出现之时仍然有很多商家沿袭了传统的商业模式。依赖向现在的顾客、供应商、同行等外部主体学习的企业越多越难以跳出现在的商业逻辑。

Christensen 在《创新者的窘境》中最早提到，企业需要跨越既定的行业边界寻求新的知识，以避免破坏式创新的影响。在破坏式创新的研究中，Christensen 发现，在位企业由于嵌入在行业内网络中，难以从行业外获取足够的知识以打破既定的商业逻辑，从而在屡次交锋中败给新进入的小企业。局限于既定的顾客、供应商和同行的学习行为往往带来价值网络惯性。行业内的顾客、供应商和同行构成的网络更多地是围绕现在的产品形成的，是现有商业逻辑的执行体系。因此，行业内学习得到的知识和信息往往是围绕现有商业系统的信息。这些信息往往帮助企业找到商业系统的不一致，提高了现有商业模式的效率，进一步加强了网络惯性。行业内学习越多，越难发现全新的价值主张，也会导致现有合作关系的改进而非全新的交易关系。

在后续的研究中，Christensen 进一步指出，企业要想在竞争中避免受到破坏创新的影响，必须善于学习行业外的知识。例如，从高校、科研机构、政府、其他行业获取新的知识和信息，能够帮助企业重新思考既定的商业逻辑，构建新的价值创造和价值获取体系。Geletkanycz 和 Hambrick 研究发现，高管通过行业内的关系获取的知识和信息往往加强了既定的模式选择，引导企业选择同行业通用的模式。而高管通过行业外关系获取的知识和信息帮助企业选择不同于同行的模式。Atuahene-Gima 和 Murray（2007）、Stam 和 Elrfing（2008）、Boso 等（2013）也发现，行业内学习会将企业的主导逻辑锁定在既定的商业活动中。由于行业内学习往往把企业的认知更多地锁定在既定的商业逻辑中，对商业模式改变的新颖性受到很强的限制。行业内学习越多，越难跳出既定的商业逻辑来构想全新的商业模式。与此同时，行业内学习会帮助企业改进现有商业模式的效率。通过与顾客、供应商、同行的信息共享和共同学习能够帮助企业发现现有交易界面的差错，帮助企业进一步梳理交易流程、降低交易差错以及提高交易速度等。行业内学习开展得越多，越容易发现这些改进商业模式效率的机会，帮助企业进一步开展效率型商业模式创新。

其次，行业内学习获取的资源和知识会带来更多的既定资源惯性。现有的价值网络（顾客、供应商、同行等）往往是在既定商业模式下围绕现有产品组织起来的。价值网络是面向终端顾客需求而建立的解决方案。例如，面向终端汽车的消费者形成了驾校、汽车零部件供应商、汽车组装、汽车销售、汽车服务、加油站等资源网络。从行业内的顾客、分销商、供应商以及同行等渠道获得的资源往往是现有产品和商业模式需要的。更重要的是，网络嵌入理论提出，嵌入在价值网络内的企业开展的学习行为也会受到既定价值网络的影响。行业内学习越多，企业对顾客、同行、供应商之间的资源交换甚至专项投资越多，这种资源交换形成了更强的价值网络惯性。这种惯性进一步限定了构想全新商业模式的空间。嵌入在价值网络内部的主体往往很难识别全新的资源。行业内学习的程度越高，企业对价值网络内部的流程越是熟悉，越能更有效地识别交易过程不匹配的环节，越能更好地发现价值网络内的差错。

因此，行业内学习程度越高，企业越容易改进现有的交易结构、治理方式和合作过程，从而降低整个商业模式的交易成本。因此，行业内学习程度越高，越能帮助企业梳理现有价值网络主体之间的交易结构、交易效率和交易治理机制，实行效率型商业模式创新。但是，因为行业内学习越多会加强企业原有资源、流程和价值惯性，从而阻碍实施新颖型商业模式创新。所以。根据以上分析，研究提出：

假设 4a：行业内学习削弱新颖型商业模式创新。

假设 4b：行业内学习促进效率型商业模式创新。

3.2.3.2 行业外学习与商业模式创新

与行业内学习不同，行业外学习能让企业跳出既定的价值网络、发现新的商业逻辑。Chesbrough 提出，商业模式最难的点就是突破既定的主导逻辑。对一个既定的行业而言，整个行业的成员虽然在商业模式的形式上有些差异，但大部分同行、顾客和供应商都是围绕既定的商业逻辑组织起来的价值创造系统。只有学习距离跳出现有的价值网络才能够发现新的价值主张。因此，跨行业的学习能够帮助企业识别全新的商业模式实践，帮助企业走出既定主导逻辑带来的思维惯性。例如，虽然移动、电信和联通在竞争策略和市场定位上有些差异，但主导的商业模式其实基本相似，都是通过建设通信基础设施来提供服务，通过提供短信、语音和数据服务实现盈利。微信虽然也提供类似服务但却采用完全不同的商业模式。移动通信行业采用的短信、语音和数据流量都是收费的，而微信的收益模式却不是。移动等通信公司长期执着于行业内部的相互竞争，同行业内既定的顾客、供应商和同行之间的学习难以跳出现在的商业模式，导致在竞争了十几年后面临微信巨大的挑战。与此相反，雷士照明通过与设计公司的合作学习，发现灯具除了照明还能带来美化的光环境，避开了与索尼等竞争对手的传统竞争方式，另辟蹊径构建了全新的商业模式以开发新的市场机会。Geletkanycz 和 Hambrick 根据高阶团队理论和认知理论，分析了行业内外联系对战略调整的影响。研究发现，行业外学习能够帮助企业采用与同行不同的战略主张，而不是与同行相似的战略路径。由于不同的行业采用的商业逻辑不尽相同，行业外学习能够带来更多异质性较高的知识和信息，激发企业识别和构想新商业模式。例如，向高校、政府、其他行业的企业、各种媒体以及其他行业的顾客学习带来的信息与同行有很大差异。高校和政府不局限于某个行业。从社会网络角度看，这些主体属于跨行业的连接点，通过高校和政府企业能够获得与现有行业完全不同的理念及商业逻辑，激发企业改变现在的商业模式而不仅仅是产品的创新动力。

行业外学习带来的对现有商业模式的重新构想可能体现在新颖方面，也可能体现在效率方面。首先，行业外学习能够帮助企业发现与现有商业模式不同的要素和价值主张，通过差异化创造全新的商业模式。例如，阿里巴巴在广泛了解各行业的发展现状之后，构建了与 eBay 完全不同的商业模式，将公司塑造成帮助小企业成功的平台公司而不是通过商业差价盈利的中间商。行业外学习程度越高，企业越能学习到不同行业的价值主张、价值创造方式和价值传递方式。不论是高管团队理论，还是结构洞理论都发现，连接不同的知识领域能够催生企业的创造力，帮助企业学习和采用全新的价值创造方式。尤其是随着互联网的发展，知识环境的异质性迅速提高，众多制造业企业通过与互联网结合创造出全新的商业模式。例如，传统化妆品销售通过微信平台迅速成为全新的商业模式。因此，行业外学习能够帮助企业发现新的价值创造方式和传递方式，构建全新的商业模式。

其次，追求效率的公司也可能通过跨行业的学习找到为整个商业系统降低成本的新模式。行业外学习不仅扩展了价值主张的搜寻空间，也扩展了价值创造方式和传递方式的搜寻空间。不仅可能通过行业外学习搜寻全新的价值主张，并在新的价值主张基础上建立全新的商业模式，也可以通过搜寻价值创造的新方式和新方法建立全新的商业模式。在行业外学习程度低的企业中，追求效率的企业往往局限于内部交易流程的标准化、规范化、部门之间或企业边界的整合以降低交易成本。组织学习理论指出，这种局部搜寻往往导致既定的商业模式惯性增强，不断加强的惯性导致效率在短期内得到提高而从长期来看却被显著降低。在行业外学习程度提高时，追求效率的企业可以打破局部搜寻带来的缺陷，通过在全局范围内的学习，发现新的降低风险、提高交易效率或降低交易差错的新方法。在此基础上，采用全新方式降低整个交易系统的交易成本。例如，在对民生银行跳出既定的贷款模式，通过跨行业的调查了解，塑造了为整个产业链融资的模式。为进入民生银行业务的生产企业、原材料供应商和下游企业构建起降低成本和风险的生态模式，为银行的业务降低风险的同时开拓了市场。行业外部学习让企业实现全局优化而不是内部优化。例如，开放创新理论的研究中发现，创新的成本通过开放学习大大降低。行业外学习能够让企业融入更大的分工系统，通过外包不擅长的业务也可实现更大范围内的效率优化。例如，出版行业是标准化程度较高、竞争非常激烈的行业，效率是整个行业竞争的焦点。起点中文网，借用互联网企业的经营方式，通过构建网络平台，直接将读者和作者联系起来，重新构建了效率更高的商业模式。而与此同时，传统出版商仍然执着于行业内部的效率优化，未能构建新的商业模式而从全局降低交易成本。亚马逊通过跨行业的学习，推出了 Kindle 等阅读器与电子书相结合的出版商业模式以降低整个商业系统的交易成本。

行业外学习带来的新资源会推动新商业模式的实施。社会资本理论提出，企业能获得和利用的资源除了内部拥有的资源之外，还有嵌入在外部社会结构中的资源。而嵌入在外部结构中的资源，其价值受到外部结构特征的影响。嵌入在以现有产品为中心的社会结构中的资源往往与企业的资源差别不大，而嵌入在稀疏社会结构的资源却往往与现有资源基础有较大差异。行业内学习主要是获取现有价值网络内的资源，而行业外学习则是跳出现有价值网络的限制，学习获取差异性较大的资源。与行业内学习不同，行业外学习得到或了解到的信息、知识和资源往往与既定的资源基础有较大差异。因此，不会导致资源相似性带来的自我加强的价值观惯性。在启发新商业模式构想的同时也能够为新构想的商业模式带来资源支撑。行业外学习不仅有利于为新颖性较强的商业模式提供资源支撑，降低既定资源带来的价值观障碍，还有利于提高效率型行业模式的实施。效率的获得除了产量增加带来的规模效益、相关业务扩展带来的范围经济之外，更多地来源于社会化大分工。例如，众多企业通过业务分拆外包提高效率，是因为商业伙伴各自执着于自己的核心业务。行业内学习能够带来的往往是重叠的资源，往往难以实现更有效率的分工。移动公司从联通公司学习到的知识和技术也往往是通过内部化加以利用。更重要的是，由于移动与联通在业务上的竞争关系，很难在两者之间实现更有效率的分工协作，而跨行业的学习能够让企业发现与现有业务有差异的合作伙伴。由于是跨行业的互补性合作，不存在直接的竞争关系，更容易实现有效率的协作关系，实现整体效率的最大化。

因此，本书认为，行业外学习能够帮助企业打破整个行业多年来沿袭的主导商业逻辑，实现跨行业的商业模式要素的重新组合，帮助企业建立新商业模式。基于以上的讨论，研究提出：

假设 5a：行业外学习促进新颖型商业模式创新。

假设 5b：行业外学习促进效率型商业模式创新。

3.2.4 动态能力对外部学习商业模式创新关系的调节作用

企业通过外部学习重新构建价值创造和价值获取的主导逻辑后，还需要重构资源，将新的商业逻辑转换成新的行动系统，才能完成商业模式的创新。动态能力理论提出，企业要想重新构建资源需要建立动态能力。本书从基于资源的观点出发，根据商业模式创新的特点，提出两种动态能力，即资源重构能力和联盟管理能力对外部学习与商业模式创新关系有调节作用。

3.2.4.1 资源重构能力和联盟管理能力对行业内学习效应的调节作用

资源重构能力是企业动态能力的重要类型。当基于资源的观点遭遇动态环境的挑战时，动态能力理论提出，企业经常需要根据环境变化重构内部资源。对于重构资源能力，以往研究主要着重于两个方面：资源的重新组合以及适应性流程。Teece 等（1997）、Galunic 和 Rodan（1998）主要强调资源的重新组合。强调根据环境需要对企业内部的知识和各类资产开展大幅度的调整。Sirmon（2007，2010）也强调对资源进行重新绑定形成各种类型的能力。Lin 和 Wu（2014）也提出，即使不是核心资源，通过创造性的重新组合也同样能够提高企业绩效。而另外一些研究则更加看重流程在资源重构中的作用。Eisenhardt 和 Martin（2000）直接提出，流程是动态能力的核心内容。动态能力实质上是企业适应变化的流程。Dixon 等（2014）进一步将动态能力区分成了适应性动态能力和创造性动态能力，重构能力既可能是为了适应当前环境的适应性流程，也可能是为了实现熊彼特租金的创造性流程。

商业模式创新与一般的产品创新活动不同，商业模式创新改变的不是产品本身，而是以焦点企业为中心的整个价值创造系统和商业系统，包括重新定义价值主张，并根据价值主张调整产品性能、构建适合的价值创造网络等。最早的关于商业模式创新的研究提出，商业模式需要涵盖市场细分、价值主张与产品、渠道、客户关系、合作网络、合作资源、核心资源、成本结构、收入结构等要素。因此，商业模式创新需要从价值创造的全系统着眼，重新构建内部资源和外部的合作网络。尽管内外部学习能够帮助企业发现改变价值创造系统或商业模式的机会，这些机会能否实施取决于企业是否具备资源重构能力和联盟管理能力。

对行业内学习而言，行业内学习之所以抑制新颖型商业模式创新而促进效率型商业模式创新，其原因在于这种学习是在既定商业逻辑中的局部搜索。行业内学习能够帮助企业发现现有商业逻辑中的交易差错、改进交易流程和改善交易界面，这种活动做得越多，围绕现有商业模式的流程和做法越稳固。行业内学习越多越会引导企业巩固和改善现有的商业模式而不是构建全新的商业模式。同时，行业内学习获取的知识和资源往往与现有资源比较相似，也很难带来新颖的创造。资源重构能力的增强会加强这种惯性。

首先，中心企业的资源重构能力和联盟管理能力会加强行业内学习带来的商业模式惯性。当资源重构能力较低时，尽管中心企业通过加强向顾客、供应商、同行等主体的学习能够发现交易差错，交易流程存在的问题和信息共享困难，但实现这些目标的局部优化需要重新构建内部的资源组合。企业往往难以在行业内学习的基础上通过重构资源而设计新商业模式来提高整体效率。此时，以提高效率为目标的商业模式改进将遭遇更多的风险和困难，并不是每次改进都能成功。失败的风险和更高的资源重构成本会降低行业内学习对效率型商业模式创新的促进作用。同时，较高的风险或者经常的失败会激发企业重新构想整个商业模式的动力，设计全新商业模式的动机会增强。当企业的联盟管理能力较低时，企业也无法主导整个效率型商业模式创新。例如，处于产业网络边缘的企业要想通过重新协调自身资源和合作伙伴的资源配置，实现全局最优化的效率型商业模式创新，其难度往往较大。小米手机和阿里巴巴在发展初期，发现将自身的资源与新的合作伙伴的资源实现协同，很难说服合作伙伴共同实现效率型的商业模式创新。因此，在两种能力比较差的情况下，即使企业发现了能够改进交易流程和实现资源整合以降低效率的机会，也很难付诸实践。京东商城在发展的初期阶段也发现，很难从代理商那里争取到较好的价格，更难整合全产业链的资源实现效率优化。不仅如此，发展初期还受到众多实体渠道的销售商和代理商的集体抵制。正是由于企业缺少外部联盟的管理能力，无法从行业内学习中获得整体效率的降低，京东商城学习了电子商务领域的新做法，决定放弃实体渠道的商业模式转变到线上模式，实现了商业模式转型。

而当内部资源重构能力较高时，当中心企业通过向顾客、供应商、同行等行业内主体学习发现商业模式效率低时，较高的内部资源重构能力能帮助企业很快对现有商业模式的效率进行改进。例如，通过重新梳理现有交易流程、标准和界面降低交易差错，通过重新整合各个部门的合作界面以降低信息交换的难度等。因此，当内部资源重构能力提高时，中心企业构想的效率型商业模式创新成功率迅速提高。这会导致企业进入“成功陷阱”，加强行业内学习对效率型商业模式创新的促进作用。与此同时，更多的企业满足于围绕现有商业模式的局部优化，降低企业彻底重新设计商业模式的动力，从而导致新颖型商业模式创新出现的可能性大大降低。当联盟管理能力很高时，企业更容易实现合作伙伴资源与自身资源的协同，根据合作及商业模式创新的需要，快速更新合作伙伴网络或根据商业模式创新的需要实现全网络的资源优化。此时，行业内学习较多的企业往往更容易实现效率型商业模式创新。因此，当联盟管理能力较高时，行业内学习对效率型商业模式创新的促进作用会更强。国美和苏宁作为线下实体渠道商业模式的代表，成为家电销售渠道市场的两大寡头，对家电生产企业和家电消费者的议价能力很强，拥有较强的联盟管理能力。同时，由于两家企业都为民营企业，内部资源整合能力也较强。这两家企业一直在通过内部整合和外部联盟关系的管理努力实现效率的提升，其学习活动主要局限在顾客、供应商等构成的现有商业模式中，更多地着著于行业内学习。在行业内学习的过程中发现的交易流程、交易界面以及合作过程中的创新机会都依赖于内部整合和加强联盟管理得以实现。而恰恰是这种屡次成功改进商业模式的“陷阱”，让两家企业在“互联网+”的冲击下未能向京东商城一样反应迅速，直到京东商城的销售额达到100多亿元，才分别建立了国美在线和苏宁易购。因此，内部资源重构能力和联盟管理能力容易加强行业内学习带来的商业模式惯性。

其次，内部资源重构能力和联盟管理能力也会加强行业内学习带来的资源惯性。行业内学习得到的资源、信息和知识往往来源于供应商、顾客和同行，这些资源往往与现有的商业模式有关。因此，这些资源与企业拥有的资源相似性较高，更容易被吸收利用。这些资源在获取、转换、吸收利用的过程中需要重新构建内部资源。当内部资源重构能力提高时，对这些资源的吸收利用更加容易。此时，企业更加执着于围绕现有商业模式开展局部搜寻，通过提高现有商业模式的效率来开展竞争而不是设计全新的商业模式。因此，当中心企业的内部资源重构能力提高时，行业内学习带来的资源惯性提高。这种资源惯性引导企业更多地关注效率型商业模式创新而降低新颖型商业模式创新。联盟管理能力实质上是跨企业边界的资源配置优化能力，行业内学习带来的资源要想能够应用在新的商业模式中，不仅需要内部资源的重构还需要根据新商业模式的需要与外部资源实现协同。联盟管理能力的提高会大大降低资源整合利用的风险和成本，让行业内学习获得的信息、技术和知识能够很快根据商业模式创新的需要实现合理配置。因此，当内部资源重构能力和联盟管理能力很强时，行业内学习带来的资源惯性将进一步加强。

因此，根据以上讨论，内部资源重构能力和联盟管理能力会加强行业内学习对效率型商业模式创新的促进作用，而同时加强行业内学习对新颖型商业模式创新的抑制作用。基于此，研究提出：

假设 6a：内部资源重构能力加强行业内学习对新颖型商业模式创新的削弱作用。

假设 6b：内部资源重构能力加强行业内学习对效率型商业模式创新的促进作用。

假设 7a：联盟管理能力加强行业内学习对新颖型商业模式创新的削弱作用。

假设 7b：联盟管理能力加强行业内学习对效率型商业模式创新的促进作用。

3.2.4.2 资源重构能力与联盟管理能力对行业外学习效应的调节作用

与行业内学习不同的是，行业外学习能够接触到不同运作环境下的组织。行为理论的研究很早就指出，由于理性程度的限制，决策往往受到环境带来的影响，知识本身也具有社会构建性。不同情境下的组织对同样的现象会有不同的解释和不同的归因，从而导致对同样的问题可能采用的解决方法并不相同。因此，在不同的行业和竞争环境下的组织会演化出不同的知识体系，与行业外的高校、科研机构、政府、其他行业的顾客、其他行业的企业、各类行业协会以及各类媒体获得的信息往往与行业内学习带来的认知有较大差异，这种异质性的信息和资源激发企业设计全新商业模式，重新塑造价值创造和价值获取的方式。

内部资源重构能力和联盟管理能力会加强行业外学习对新商业模式的构想。在接触到全新商业模式的情境下，高管会自然地感知到全新商业模式的风险。由于高管往往具有风险中性，很难采纳或者接受风险过高的全新商业模式。在内部资源重构能力和联盟管理能较低时，高管感知到的全新商业模式风险会更高。由于全新的商业模式往往需要企业根据全新的价值主张重新调整内部的组织结构、资源配置、组织流程等。如果企业的资源更多地是专用资源或组织流程协调难度较大、资源重新配置的风险和成本较高时，企业往往即使接触到设计全新商业模式的机会也难以抓住。例如，尽管互联网技术正在逐步地改造整个经济系统，让更多的企业创造了全新的商业模式，然而很多内部管理落后的企业由于难以重新配置既定资源而不愿意采取行动。而固定资产投入较少，资源重构更加容易的互联网企业的商业模式却不断地推陈出新。越是新颖的商业模式，对企业内部资源重构的需求越高。因此，当资源重构能力越低时，企业越不会设计出新颖性高的商业模式。

对效率型商业模式创新而言，资源重构能力低时，企业同样很难利用行业外学习发现的机会开展新颖型商业模式创新。与更多开展行业内学习带来的效率型商业模式创新不同，开展行业外学习的企业更加关注通过全局设计来降低效率而不是局部优化来降低效率。因此，行业外学习带来的效率型商业模式创新机会更多地需要内部资源与全局资源的重新构建。当资源重构能力较低时，企业也难以利用行业外学习发现机会。这些能够被开发的机会数量会大大降低。相反，当资源重构能力增强时，企业能够降低全新商业模式带来的资源重构风险和成本。例如，国美可以通过重新设立部门、整合物流、服务等内部资源设计全新的商业模式。资源重构能力越强的企业，越能够利用行业外学习带来的商业模式创造新的机会。

联盟管理能力也会加强行业外学习对两类商业模式创新的促进作用。联盟管理能力较弱时，尽管企业能够通过行业外学习发现全新的价值主张和全新知识系统，但企业在构思过程中觉察到更大的合作风险。由于全新的商业模式往往涉及新的合作方式、交易方式以及收益模式，需要将内部资源与外部资源相结合，这不仅需要控制自身的资源，还需要建立稳定和可持续的合作关系，要求合作伙伴能够一起实现全新的价值网络重构。这个过程如果企业无法实现与合作伙伴之间进行资源协同并动态优化，企业就会觉得力不从心，从而不愿意设计全新的商业模式。联盟管理能力越弱，企业越难利用外部学习所获得信息来构想新颖的商业模式。不论对新颖型商业模式创新，还是效率型商业模式创新，都需要根据新的价值主张构建新的价值创造和价值获取系统。更重要的是，全新商业模式的建立往往是试错学习的过程。商业模式创新过程中需要根据效率或新颖的需要重新组合企业和合作伙伴之间的资源，需要不断地调整合作方式、交易流程、界面标准甚至合作伙伴网络。因此，当联盟管理能力较强时，企业能够更好地利用行业外学习对两类商业模式创新的促进作用。

内部重构能力和联盟管理能力也会让行业外学习带来的资源更好地与企业的资源进行协同。行业外学习之所以能提高商业模式创新水平，不仅是因为这种学习能让企业看到更新的商业方式、知识和信息，还因为行业外学习能够带来新的资源。然而，这些资源与行业内学习带来的资源有较大差异。吸收能力的研究提出，资源差异性越大，整合利用的难度越高。因此，在利用行业外学习推动商业模式创新的过程中还需要进一步提高这些差异性资源的整合利用。当内部资源重构能力和联盟管理能力不足时，企业在利用这些资源方面将面临更大的挑战，成本更高、时间更长、风险更大。因此，基于行业外学习开展商业模式创新的难度也更大。当内部重构能力和联盟管理能力提高时，企业利用这些差异性的资源更容易、更能够基于行业外学习带来的新资源设计全新的商业模式。因此，对依赖行业外学习开展商业模式创新的企业而言，内部资源重构和联盟管理能力能帮助企业充分利用行业外学习带来的创新机会。根据以上讨论，研究提出：

假设 8a：内部资源重构能力加强行业外学习对新颖型商业模式创新的促进作用。

假设 8b：内部资源重构能力加强行业外学习对效率型商业模式创新的促进作用。

假设 9a：联盟管理能力加强行业外学习对新颖型商业模式创新的促进作用。

假设 9b：联盟管理能力加强行业外学习对效率型商业模式创新的促进作用。

3.3 小　结

本章在商业模式创新的文献、组织学习理论、动态能力理论及制度理论基础上，构建了理论模型。在界定变量的基础上，分析了变量之间的影响机制。根据影响机理分析了竞争强度和制度执行失效环境下，商业模式创新对企业绩效的影响；分析了行业内学习与行业外学习对两类商业模式创新的影响方式；针对商业模式创新的特点，将动态能力区分为内部资源重构能力和联盟管理能力，分析了两类能力对两种学习方式与商业模式创新关系的调节作用。在研究基础上，根据理论分析提出了 18 条假设关系，如表 3.4 所示。

表 3.4　假设关系

假设	假设内容
假设 1a	新颖型商业模式创新对企业绩效有促进作用
假设 1b	效率型商业模式创新对企业绩效有促进作用
假设 2a	竞争强度削弱新颖型商业模式创新对企业绩效的促进作用
假设 2b	竞争强度加强效率型商业模式创新对企业绩效的促进作用
假设 3a	制度执行失效削弱新颖型商业模式创新对企业绩效的促进作用

续表

假设	假设内容
假设 3b	制度执行失效削弱效率型商业模式创新对企业绩效的促进作用
假设 4a	行业内学习削弱新颖型商业模式创新
假设 4b	行业内学习促进效率型商业模式创新
假设 5a	行业外学习促进新颖型商业模式创新
假设 5b	行业外学习促进效率型商业模式创新
假设 6a	内部资源重构能力加强行业内学习对新颖型商业模式创新的削弱作用
假设 6b	内部资源重构能力加强行业内学习对效率型商业模式创新的促进作用
假设 7a	联盟管理能力加强行业内学习对新颖型商业模式创新的削弱作用
假设 7b	联盟管理能力加强行业内学习对效率型商业模式创新的促进作用
假设 8a	内部资源重构能力加强行业外学习对新颖型商业模式创新的促进作用
假设 8b	内部资源重构能力加强行业外学习对效率型商业模式创新的促进作用
假设 9a	联盟管理能力加强行业外学习对新颖型商业模式创新的促进作用
假设 9b	联盟管理能力加强行业外学习对效率型商业模式创新的促进作用

4 研究方法

为了验证本书提出的理论模型，本章采用以问卷调研为基础的实证研究方法。研究在编制问卷基础上，选择全国东部、中部、西部三个地区的企业发放了问卷。在整理数据的基础上，研究验证了变量测量的信度、效度。根据以往研究的数据处理方法，总结了适合本书的分析程序和步骤。

4.1 数据收集

4.1.1 研究背景及问卷设计

通过前期的文献检索、理论分析和深度访谈，课题组设计了包括外部学习、竞争环境、商业模式创新、动态能力、企业绩效、企业基本信息等内容的调查问卷。问卷分 A、B 两卷，主要采用 1~5 的李克特 5 点测量法，要求被访问人对每条描述与企业经营的实际情况的符合程度进行判断。1 表示非常不符合，2 表示不符合，3 表示一般符合，4 表示很符合，5 表示非常符合。

问卷的指标是在理论分析的基础上，采用国际期刊发表和验证过的测量指标。在具体设计过程中，首先，由研究小组根据理论设计收集国内外期刊中采用过的变量。对变量的内容与理论概念进行对比分析，选择与理论概念一致的变量指标。其次，对英文指标根据中国语言情景进行翻译，通过对比、校对提高翻译的准确性。

为了保证问卷的准确性，本书对问卷进行了预调研。预调研过程中，作者与8位高管进行了面对面的访谈。作者请各个高管按照公司的实际情况填写了问卷；在问卷填写完之后，作者与高管进行了细致的交流。询问每个指标在填写过程中是否存在语句不通、用词与实际问题不符，或者变量反映不全面的问题。高管填写问卷用时平均为13分钟。针对各个指标的陈述以及变量测量指标内容的完整性、用词等方面，各个高管都提出了修改建议。根据这些修改建议，本书进一步完善了问卷。在完善问卷之后，作者与其中4位高管进行了座谈，请他们再次检查问卷是否存在问题。除了个别用词之外，4位高管均认为问卷达到调研要求。

4.1.2 抽样与调研过程

抽样有代表性是实证研究数据质量的重要基础。由于我国地区经济发展存在不均衡的特点，改革开放基本是从沿海向内陆逐步扩展。各个地区在商业模式创新、制度环境、竞争强度等方面存在比较大的差异。为了降低地区发展不平衡带来的影响，降低区域文化和经济差异而导致的系统性偏差，本次调研我们选择了分布在中国中部、西部以及发达的东部沿海地区的企业。以山东、河南、陕西、江苏、广东五省的企业为发放问卷的对象。山东、广东和江苏是东部沿海地区企业的代表，河南位于中国中部，陕西位于中国西部地区。样本覆盖了东部、中部、西部三个地区，能够降低地区发展不平衡带来的潜在影响。

在样本框选定过程中，本书发现，各个地区公布的企业名单存在很大差异。一方面，并不是所有省份都公布企业名单，并且很多地区的名单存在显著的滞后性；另一方面，名单中一般没有列举企业的联系方式，尤其是高管的联系方式。由于本次调研涉及的内容需要高管及了解企业实际情况的中层领导填写，调研需要得到他们的联系方式。因此，我们选择向当地政府机构寻求帮助，政府提供的名单不仅包含了企业的基本信息，还包含了高管的联系方式。

因此，本书首选与各地高新区管委会等政府机构联系，由政府相关部门提供了企业名单。作者及研究小组在名单中随机抽取一部分企业，政府提供了高管的联系方式。为了提高问卷的回收率，首先由政府相关部门与企业进行沟通，邀请企业参加本次调研。尽管国外很多研究都采用邮寄问卷或者电子邮件的方式进行问卷调查，但为了保证问卷填写质量、保证问卷填写人确实为高管或了解情况的管理人员，本书采用到企业实地调研的方式收集问卷。对同意参加调研的企业，作者及调研人员到企业与高管面对面填写问卷，对调研的目的、填写方法进行解释，以提高问卷填写的准确性。在正式调研之前，作者招募了研究小组，并对小组成员进行了调研培训和沟通培训。为了保证调研的准确性，保证调研对象了解整个问卷设计的内容，我们选择企业的高层管理人员作为调研对象。另外，由于问卷不仅涉及外部环境内容，还涉及企业的创新过程。因此，我们选择企业的总经理或熟悉整体创新环境的管理人员作为最终调研对象。调研对象的基本信息如表 4.1 所示。

表 4.1　调研对象的基本信息

回答者的特征	百分比（%）
（1）被访问者在企业的任职年限	31.94
≤3 年	35.65
4~7 年	16.67
8~11 年	15.74
>12 年	31.94
（2）回答者的职位	
董事长或总经理	13.89
副总经理	25.00
总工或总监	17.13
中层管理人员	43.98

在调研过程中，我们对问卷进行统一编号，同一编号下对应内容相同的 A、B 两份问卷。A 卷由熟悉企业整体外部环境、商业模式的 CEO 填写，B 卷由熟悉能力状况、企业绩效、技术和生产的管理人员填写。在每家企业对两位高管分别进行面对面调研，当场填写 A 卷和 B 卷，并在问卷

完成后现场进行初步审核，发现漏填及时询问补充。拿回问卷后，对 A 卷、B 卷进行细致核对，就答案差异较大的题项再次致电或上门分别确认。

在问卷调研过程中，有 108 个企业未能完成调查。主要原因在于，68 家企业在调研过程中，在我们介绍完本书的具体内容后，以保密和公司政策为理由，没有安排高管或熟悉情况的中层填写问卷，而是安排了一般职员填写问卷。由于本书涉及商业模式、企业绩效、竞争环境、外部学习、能力等企业层面的变量，一般职员难以保证问卷的质量。因此，为了保证问卷内容的可靠性，研究终止了调研。有 40 家企业的高管在填写问卷过程中由于中途有事难以完成问卷填写，在后期的催促过程中也未能收回完整的问卷。因此，这些调研的企业都未能收回两份完整的问卷。

因此，研究最终只对 292 个企业完整地进行了实地调研。调研回收问卷之后，研究小组进行了认真核对，对出现以下现象的问卷进行剔除：①整页为同一数字的，例如全为“3”。②填写不完整的数据超过 1 页的。最终剔除无效问卷 54 份，得到有效问卷 238 份。在完成筛选之后，研究小组对问卷进行了整理编码，对每个企业的两份问卷按照省份进行了编号。编号完成后，研究小组将调研人员分为两组，并利用 Access2003 进行了数据录入界面的设计。由小组中的两个人分别录入同一份问卷，录入完成后采用 Excel 进行了逐项校对，纠正了录入数据的错误。录入完成后，利用 Access2003 导出为 SPSS 格式。

4.1.3 调研所得样本的基本特征

本次调研向山东、广东、江苏、河南和陕西 5 个省份发放问卷 400 份，回收有效问卷 238 份，问卷的有效回收率为 59.5%。Baruch 和 Holtom（2008）对 2000~2005 年采用调查问卷开展研究的文献进行了总结，发现平均回收率为 52.7%，按照 Baruch 和 Holtom（2008）的研究发现，本书的问卷回收率高于平均水平，主要原因是调研过程中得到政府的大力支持。另外，我们采用的是面对面的问卷调查方式，有效提高了问卷回收的有效率。此外，我们还承诺将调研的结果及时形成研究报告反馈给被调研企业，这也提高了调研问卷的回收率。

从行业特征看，样本主要是制造业，涉及电气设备、软件、通用设备、医药、专用设备等细分行业（见表 4.2）。从企业年龄特征看，新创的 10 年以内的企业超过 50%；从企业规模看，以中小企业为主，员工人数小于 200 的企业超过 50%；从所有制结构看，民营企业占 69.75%，国有企业占 13.03%，其中高新技术企业占总样本的 76.9%（见表 4.3）。从样本总体特征的分布情况看，有较好的代表性，有利于提高本书成果的外部效度和研究成果的适用范围。

表 4.2　有效问卷的行业分布及所占比例

编号	行业名称	有效问卷数量（%）	所占百分比（%）
1	农业、纺织	12	5.04
2	电气机械和器材制造业	26	10.92
3	化工、医药	33	13.87
4	计算机、通信和其他电子设备制造业	24	10.08
5	软件和信息技术服务业	23	9.66
6	通用设备制造业	43	18.07
7	仪器仪表制造业	15	6.30
8	专用设备制造业	28	11.76
9	其他	34	14.29

表 4.3　有效问卷的规模、所有制等特征的分布特征

企业的特征	有效问卷数量（%）	百分比（%）
企业年龄（年）		
年龄≤5	45	18.91
6<年龄≤10	77	32.35
11<年龄≤15	50	21.01
16<年龄≤20	29	12.18
年龄≥21	37	15.55
规模（员工数量）（人）		
员工数量≤50	44	18.64
51<员工数量≤200	79	33.05
201<员工数量≤400	49	20.76

续表

企业的特征	有效问卷数量（份）	百分比（%）
401<员工数量≤1000	29	12.29
员工数量≥1001	36	15.25
所有制类型		
国有或国有控股	31	13.03
民营或个体	166	69.75
外商合资	31	13.03
集体公司	6	2.52
是否是高新技术企业		
高新技术企业	183	76.9
非高新技术企业	55	23.1

4.1.4 样本可靠性检验

本书除对样本特征进行了总体描述之外，还需要对样本的代表性进行更严格的检验。根据研究方法的一般要求，为了降低抽样给研究结果带来的误差，样本回收之后需要对未回收问卷的企业特征进行未回收偏差分析。未回收偏差分析目的在于比较回收样本是否与总体样本特征存在显著差异。对未回收偏差有两种检验方法：

第一，对比回收样本特征和未回收样本特征是否存在显著差异，一般采用 T 检验对连续的特征变量进行均值比较。如果 T 检验结果发现两组样本的特征存在显著差异，则认为存在显著的未回收偏差。本书中 162 个企业未能回收有效问卷，Armstrong 和 Overton （1977）、Lambert 和 Harrington（1990）指出，可将催收后所回收问卷视为“无回应”问卷，将之与未催收前所回收之问卷相比较，使用 T 检验来检验两次回收问卷在各题项上是否有显著差异。尽管 108 个企业未能完成问卷调研，但我们实地调研期间收集到了用作未回收偏差的一般特征（包括企业年龄、规模、所有制类型等）。对于 54 份剔除的问卷，也完整填写了企业的一般特征。因此，我们将 162 个未回收企业的一般特征与回收回来的 238 个企业的一般特征进行了均值检验。T 检验的结果显示，两组企业在企业年龄、企业规模方面不存在显著差异。这说明，未回收偏差带来的抽样误差对研究的影响较小。

第二，对于比例类型的变量，本书采用卡方非参数检验进行分析。一般可以将样本在一般特征上的分布比例与总体统计数据的比例进行检验，也可以将两组数据的样本分布进行检验。由于宏观统计数据的分布特征统计口径与本书不一致，研究将 162 个未回收企业的样本特征分布与 238 个回收企业的样本特征分布进行卡方检验。具体而言，研究采用卡方检验分析对比了两组企业在规模、年龄、行业类型、所有制类型、行业发展阶段分布的百分比进行了检验。卡方检验结果未发现显著差异。这说明，两类企业在样本特征上不存在统计上显著的差异。未回收偏差对研究结果造成严重影响的可能性较小。

4.2 变量度量

4.2.1 度量指标选择的基本原则

变量测量是实证研究的重要的步骤。变量测量指标的设计和选取直接决定了研究结果的稳定性和准确性。对于变量指标的产生，一般有两种方法：

第一，选择已经被验证过的测量指标。对于很多研究而言，全新的变量并不多，很多变量是其他研究已经细致地开发了的稳定的测量指标。例如，本书中的效率型商业模式创新、新颖型商业模式创新、企业绩效、制度执行失效、竞争强度、行业内学习和行业外学习等变量都是前人已经有成熟测量的指标。当然，对该类变量的指标，并不是全盘照搬，往往需要根据文化差异和语言习惯进行翻译，并根据具体情况进行意义的转换。

第二，对于研究所需要的新变量，需要在访谈和文献整理基础上进行开发，新开发的指标需要认真检验其信度和效度，包括内容效度、聚敛效度和区别效度。例如，本书中的内部资源重构能力和联盟管理能力，我们根据研究需要做了二次开发。

为了获得准确的测量指标，本书按照以下程序进行寻找和设计：

首先，本书重新查找了商业模式创新、竞争环境、开放学习相关的文献。这些文献搜索的范围限制在UTD24以及FT45期刊列表内，必须是公认的顶级期刊。这些论文经过国际同行的严格审查，其量表得到了公认。这些量表的开发过程、信度、效度往往都是经过了检验（Mumford et al., 1996）。因此，如果发现我们的变量已经被测量过，我们借用他们的测量方法，并进行认真翻译后，在预调研过程中与高管进行讨论，根据中国的实际情况和语言习惯进行了语言上的修正，使其更能够在中国语境下表达出原有的意义。根据以上方法，研究借用了效率型商业模式创新、新颖型商业模式创新、企业绩效、制度执行失效、竞争强度、行业内学习和行业外学习等变量。

其次，如果不能找到恰当的指标，那么我们就根据现有的文献中对该因素进行讨论，归纳出该因素的主要特征作为度量指标。关于动态能力的测量，我们重新针对商业模式创新的特点进行了设计。遵循了Dillman的总体设计方法（Dillman，1978）。对于每个变量，我们先根据已有的文献构造初始因素集（Mumford et al.，1996）。我们检索了动态能力的经典文献，其中包括Teece、Eisenhardt和Martin的经典论文以及联盟管理能力的文献。检索分析了Zott和Amit等的研究，针对商业模式的特点，重新界定了内部资源重构能力和联盟管理能力的内涵及维度。根据理论内涵，研究在文献基础上拟订指标集合。在此基础上，我们与八位高管就商业模式创新过程中的动态能力进行了持续两个多小时的面对面讨论，收集了高管提出的动态能力的指标建议。根据这些工作，初步形成了测量两类能力的问卷指标。同时，我们请八位高管填写问卷进行预调研，进一步改进这些指标。大样本问卷收回之后，对这些指标进行了验证性因子分析和信度、效度评价，进一步剔除了达不到要求的指标。

最后，关于指标度量的刻度，本书沿用商业模式创新文献中的方法，采用李克特5点打分法测量。在问卷调研过程中，请高管就每个指标与实际情况相符合的程度进行评价或者按照1~5访求指标对实际情况进行评价。这种测量方式尽管有主观偏差，但更能多维度地反映实践活动的内容，被当前研究广泛采用。为了避免主观性带来的偏差，本书也采用实地调研、面对面沟通的方式进行了问卷调查，确保熟悉情况的高管或管理人员填写问卷，并从企业中选取两位高管分别填写问卷，避免了同源误差。

4.2.2 变量的度量指标

企业绩效、新颖型商业模式创新、效率型商业模式创新、行业内学习和行业外学习以及竞争环境都是沿用了现有研究文献中检验过的指标测量，在表述上，作者对其进行了文字和句式上的修改，以使其更加符合中国当前的现实状况。对内部资源重构能力和联盟管理能力的测量，本书在已有的文献基础上，结合访谈设计了测量指标。

（1）企业绩效。以往研究认为，企业绩效是多维概念，包括财务绩效、非财务绩效等多个方面。以往研究采用客观和主观两种方法测量企业绩效。两种方法各有优缺点，采用客观、量化的指标测量绩效更加准确，不容易受到自我评价引导带来的误差。但是，客观测量指标更加难以获得。更重要的是，并不是所有绩效都能够用量化的指标表示。例如，顾客的满意度、品牌价值等都难以用量化的指标来表示。因此，客观指标可能受到限制而难以完整地反映整体绩效。相反，主观指标更容易从各个方面反映整体绩效，但却容易受到主观引导。本书采用 7 个指标测量企业绩效，包括：①资产回报率；②销售回报率；③投资回报率；④平均利润率；⑤销售额的增长；⑥市场份额增长；⑦利润的增长。为了检验是否受到主观引导带来的偏差，本书同时收集了客观的销售利润率数据，并将主观绩效与客观绩效进行了相关分析。分析发现，两者之间存在显著的相关性。

（2）商业模式创新。对商业模式创新的研究绝大多数是案例和理论分析，实证测量中沿用广泛的是 Amit 和 Zott 在 2007 年开发的测量量表。本书根据 Amit 和 Zott（2007）开发的量表，利用 10 个指标测量效率型商业模式创新：①降低了交易成本；②简化了交易流程；③降低了交易差错；④降低了营销、交易费用及沟通成本；⑤使交易信息更透明；⑥降低了交易过程中的信息不对称；⑦有利于所有合作伙伴之间共享信息；⑧有利于聚集分散的需求；⑨加快了交易速度；⑩大大提高了交易效率。

根据 Amit 和 Zott（2007）开发的量表，采用 10 个指标测量新颖型商业模式创新：①引入了新的合作者；②代表了产品、服务和信息的新组合；③采用新的方式激励合作伙伴；④引入大量的、全新的、多样化合作伙伴；⑤用新方式将各种参与者紧密联系起来；⑥采用了新的交易方式；⑦创造了新的盈利方式；⑧创造了新的盈利点；⑨引入新的思想、方法和商品；⑩引入新的运作流程、惯例和规范。总体来说，是非常新颖的。

（3）外部学习。外部学习的测量中，大多数研究测量的是知识获取的数量或者质量。开放式创新理论认为，在创新资源网络化背景下，企业需要改变封闭的创新模式，积极利用外部的供应商、顾客、高校、科研机构、行业协会等渠道的知识来推动创新。因此，开放式创新模式下，企业需要利用开放式学习推动创新。本书沿用 Laursen 和 Salter（2006）对开放式学习的测量方法。首先，在访谈的基础上识别出了中国企业常用的 10 个知识获取渠道：①终端顾客；②供应商；③分销商；④同行；⑤政府部门；⑥大学；⑦科研机构；⑧媒体（网络、报纸杂志、电视等）；⑨其他行业的顾客；⑩各种会议。要求被访企业标明企业是否利用以上 10 个渠道获取的知识，并按照 1~5 进行评分。

在此基础上，研究将终端顾客、供应商、分销商、同行 4 个指标平均值作为行业内学习的测量指标。将政府部门、大学、科研机构、媒体（网络、报纸杂志、电视等）、其他行业的顾客、各种会议 6 个指标的平均值作为行业外学习的测量指标。

（4）内部资源重构能力。内部资源重构能力的讨论是动态能力理论对基于资源的观点的拓展。尽管内部重构能力是动态能力的重要组成部分，然而以往研究更多地从理论上进行讨论和分析，对如何测量重构能力仍然研究不多。本章在 Teece（1997，2007）、Eisenhardt 和 Martin（2000）、Sirmon（2007）、Sirmon 等（2010）、Lavie（2006）、Dixon 等（2014）的理论分析的基础上，根据概念的内涵和高管的访谈设计了测量指标。第一，研究分析了这些研究对资源重构能力的内涵的界定。第二，研究根据理论上的界定，与 8 位高管进行访谈，并收集资源重构的重要活动，对这些活动进行分析总结的基础上设计了 6 个测量指标：①公司能够针对不同产品重新配置资源用途；②我们善于协调各个部门之间的资源；③我们善于对产品的资源链条进行重新构建；④我们能够有效地改变内部组织流程；⑤我们能够有效地创造新的资源组合；⑥公司内部运作协调性好。第三，收回问卷之后，本书对这 6 个指标进行了探索性因子分析、信度分析、效度分析。分析发现，指标 2 和指标 6 单独聚合成一个因子，而另外 4 个指标聚合为 1 个因子。研究进一步对 6 个指标的单因子模型、2 因子模型和 4 个指标的单因子模型进行了 CFA 检验，检验指标对比如表 4.4 所示。因此，研究采用了 4 个指标的模型测量内部重构能力。4 个指标为：①公司能够针对不同产品重新配置资源用途；②我们善于对产品的资源链条进行重新构建；③我们能够有效地改变内部组织流程；④我们能够有效地创造新的资源组合。

表 4.4　CFA 指标

拟合指标	6 指标单因子模型	6 指标 2 因子高阶模型	4 指标单因子模型
χ^2/N	15.62	8.61	3.7
RMSEA	0.28	0.19	0.07
NFI	0.83	0.86	0.94
NNFI	0.74	0.78	0.91
CFI	0.62	0.87	0.95
GFI	0.66	0.89	0.94

（5）联盟管理能力。联盟管理能力的研究将 Dyer 和 Singh（1998）基于企业间关系的观点作为理论基础，Rothaermel 和 Deeds（2006）最早开展了对联盟管理能力的实证研究，主要关注双向投资、资源整合和治理，没有包含整个联盟网络的动态优化。Schilke 和 Goerzen（2010）、Leischnig 等（2014）的研究包含了联盟转换，强调了对嵌入在合作网络中的资源进行重新优化的过程。因此，本书将联盟管理能力界定为两个核心维度：资源协同和资源优化。资源协同是指将自身资源与合作伙伴的资源进行互补，发挥联盟伙伴或者自身资源优势。资源优化是指根据合作需要和环境变化

对潜入在合作网络中的资源进行整体优化的活动。针对本书的界定，在Rothaermela和Deeds（2006）、Schilke和Goerzen（2010）、Leischning等（2014）的测量基础上，研究采用5个指标测量联盟管理能力：①善于将自身优势与合作者的优势资源进行匹配；②善于使合作者的资源优势得到充分发挥；③善于使自己的优势得到充分的发挥；④善于根据环境变化对各方资源重新优化；⑤善于根据合作需要优化整个合作网络的资源配置。

（6）制度执行失效。中国制度转型过程中原有的计划经济主体的制度体系被打破，新的以市场为中心的制度体系在渐进改革中逐步得到完善。因此，在转型过程中，制度完备经常是随着市场改革实践逐渐建立，特别是在新技术产业和前沿行业中，正式法律、法规、政府政策和行业标准都处于从无到有、由粗到细的发展过程中。制度执行失效的程度是描述中国转型环境的典型特征的重要变量。在对制度理论进行总结分析的基础上，本书通过企业访谈和预调研设计了5个指标测量制度执行失效的程度：①很多政策的执行缺乏有效的监管；②知识产权制度的执行非常脆弱；③现有制度法规的执行难以有效保护公司的商业利益；④相关制度的执行阶段有待加强；⑤行业标准的执行缺乏监管。

（7）市场竞争强度。根据Dess和Beard（1984）、Keats和Hitt（1988）的研究，本书采用1~5的程度判断指标测量竞争激烈程度：①公司面临的市场竞争很激烈；②市场上有太多与我们相类似的产品；③市场中经常发生价格战；④市场上新的促销手段层出不穷；⑤竞争对手经常试图抢夺我们的客户。

（8）控制变量。研究选取了企业规模、企业年龄、行业类型作为主要的控制变量。

1）企业规模。规模的大小反映了企业资源的富裕程度，一般而言，大企业的资源相对丰富，而小企业则资源较为匮乏。企业资源的富裕程度直接会影响企业能力提高的资源投入程度。在本书中，企业规模一般都是通过企业员工数量或者资产规模进行衡量。本书采用企业总资产来衡量企业规模的大小。根据Baum等（2001）、Chattopadhyay等（2001）的研究，为了避免数量型变量分布左偏或者右偏给研究带来的误差，本书采用企业总资产的自然对数转换值来测量。

2）企业成立时间也会影响能力的提高。企业成立时间越长，越会积累能力提高的相关经验。我们用企业成立到被采访时持续的年数测量企业成立的时间。为了避免数量型变量分布左偏或者右偏给研究带来的误差，研究采用企业年龄的自然对数转换值测量。

3）行业类型，不同行业的企业创新状况差异较大。尤其是高新技术企业和非高新技术企业之间在创新层次、技术含量和创新的水平方面都有较大差异。因此，本书把是否是高新企业作为控制变量，采用虚拟变量进行测量，是高新技术企业编码为1，不是高新技术企业编码为0。

4.3 统计分析方法与过程

本书的主要目的是验证模型中行业内学习与行业外学习对商业模式创新的影响、资源重构能力和联盟管理能力的调节作用、商业模式创新对企业绩效的影响以及竞争环境的调节作用。验证模型之前，首先，检验变量测量的可靠性和有效性，即检验信度和效度；其次，对模型变量进行初步的相关分析；最后，对模型开展回归分析。

对模型的回归分析方面，经常采用线性回归或结构方程模型分析。相比而言，线性回归方程所需要的限制条件较少，而结构方程模型则限定条件较多，也更复杂。由于结构方程模型中允许变量测量存在残差，模型的识别需要足够大的样本量。一般需要的样本是指标的5~10倍。本书涉及的测量指标有58个。如果采用结构方程模型得到稳定的结果需要样本企业290~580个。更重要的是，如果存在调节效应，还需要增加样本数量才能得到稳定的结果。结构方程由于在验证调节效应时需要将各个指标两两相乘作为交互项的测量指标，验证调节效应需要庞大的样本才能识别。因此，结构方程模型在验证调节效应方面往往逊色于线性回归方程。鉴于本书涉及的指标较多，并需要检验多个调节效应，线性调节回归方程更加有利于得到稳定的结果。因此，本章选择采用调节回归方法验证理论假设。结构方程模型包含测量模型、路径模型和全模型三类。尽管本书难以用结构方程模型验证假设关系，但测量模型非常适合验证测量指标的信度、效度。因此，研究采用结构方程模型方法中的测量模型来验证各个测量问卷的信度和效度。具体而言，研究采用探索性因子分析和验证性因子分析检验了指标的信度和效度。

4.3.1 信度、效度检验

信度、效度检验是实证研究中的重要步骤。信度一般采用克隆巴赫系数、组合系数进行检验，聚敛效度采用因子载荷和 AVE 检验；区别效度采用 AVE 和验证性因子分析验证。现将用到的指标和公式进行介绍。

（1）信度指标：克隆巴赫系数（Cronbach's alpha）。克隆巴赫系数（Cronbach's alpha）是由李·克隆巴赫在 1951 年提出。它克服了部分折半法的缺点，是目前社会科学研究最常使用的信度分析方法。其计算公式为：

$$\text{Cronbach's alpha}=\frac{n}{n-1}\left(1-\frac{\sum\sigma_i^2}{\sum\sigma_i^2+2\times\sum\sigma_{ij}^2}\right) \tag{4.1}$$

式中，n 为测验题目数，$\sum\sigma_i^2$ 为每题各被试得分的方差之和，$\sum\sigma_{ij}^2$ 为协方差之和。一般来说，该系数愈高，问卷的信度愈高。在基础研究中，信度只要达到 0.7 就可接受，介于 0.7~0.9 均属高信度，而低于 0.4 则为低信度，必须予以拒绝。

（2）信度指标：组合信度系数（Composite Reliability，C.R.）。由于科隆巴赫系数的局限性，很多学者提出了新的信度计算方法。其中组合信度也是常用的关键指标，组合信度的计算以 CFA 得到的路径系数为基础，按照以下公式计算：

$$\text{Composite Reliability}=\frac{(\sum\lambda_i)^2}{(\sum\lambda_i)^2+\sum\theta_{ii}} \tag{4.2}$$

式中，$(\sum\lambda_i)^2$ 是非标准化因子负荷和的平方，$\sum\theta_{ii}$ 为非标准化测量误差方差之和。组合信度的取值也是在 0 到 1 之间，取值越大说明组合信度越高。一般超过 0.7 说明组合信度较高。

（3）效度指标：平均提取方差（Abstracted Variance Estimate，AVE）。AVE，又称为平均提取方差，能够较好地反映测量指标解释的潜在变量的变异。AVE 也是以 CFA 得到的因子载荷为基础，按照以下公式计算得到：

$$\text{Abstracted Variance Estimate} = \frac{\sum \lambda_i^2}{\sum \lambda_i^2 + \sum (1-\lambda_i^2)} \tag{4.3}$$

式中，λ_i 是测量指标的因子载荷。AVE 计算数值范围是从 0 到 1。AVE 既可以用来评价聚敛效度，也能用来评价区别效度。当 AVE 大于 0.5 时，表示聚敛效度较高。AVE 开方之后与相关系数进行比较可以用作区别效度的评价。

（4）效度指标：$\Delta\chi^2$（CFA 比较）。区别效度除了用 AVE 与相关系数比较的方法来判断之外，还可以利用 CFA 比较受约束模型和自由估计模型的卡方值来获得。一般按照以下步骤获得：

首先，设定测量 A 变量和 B 变量指标形成的测量模型中，A 和 B 两个潜变量相关系数为 1，运行 CFA，得到卡方值 1 和自由度 1。

其次，设定测量 A 变量和 B 变量指标形成的测量模型中，A 和 B 两个潜变量相关系数根据样本自由估计，运行 CFA 得到卡方值 2 和自由度 2。

最后，利用卡方分布，比较两个模型卡方值 1 和卡方值 2 是否存在显著差异。如果两个模型卡方值有显著差异，说明变量 A 和变量 B 存在较好的区别效度。差异是否显著要根据卡方分布确定分位数或显著性水平。

4.3.2 结构方程模型

（1）结构方程模型基本原理。结构方程模型（Structural Equation Modeling，SEM）是心理学和组织管理中常用的线性统计建模技术。该方法有测量模型、路径模型和全模型三类模型。做结构方程模型的软件有 Mplus、Lisrel、Amos 等。在社会科学以及经济、市场、管理等研究领域，有时需处理多个原因、多个结果的关系，或者会碰到不可直接观测的变量（即潜变量)，这些都是传统的统计方法不能很好解决的问题。20 世纪 80 年代以来，结构方程模型迅速发展，弥补了传统统计方法的不足，成为多元数据分析的重要工具。结构方程模型有以下优点：

1）同时处理多个因变量。结构方程分析可同时考虑并处理多个因变量。在回归分析或路径分析中，就算统计结果的图表中展示多个因变量，其实在计算回归系数或路径系数时，仍是对每个因变量逐一计算。所以图表看似对多个因变量同时考虑，但在计算对某一个因变量的影响或关系时，都忽略了其他因变量的存在及其影响。

2）容许自变量和因变量含测量误差。态度、行为等变量，往往含有误差，也不能简单地用单一指标测量。结构方程分析容许自变量和因变量均含测量误差。变量也可用多个指标测量。用传统方法计算的潜变量间相关系数，与用结构方程分析计算的潜变量间相关系数，可能相差很大。

3）同时估计因子结构和因子关系。假设要了解潜变量之间的关系，每个潜变量者用多个指标或题目测量，一个常用的做法是对每个潜变量先用因子分析计算潜变量（即因子）与题目的关系（即因子负荷），进而得到因子得分，作为潜变量的观测值，然后计算因子得分，作为潜变量之间的相关系数。这是两个独立的步骤。在结构方程中，这两步同时进行，即因子与题目之间的关系和因子与因子之间的关系同时考虑。

4）容许更大弹性的测量模型。传统上，我们只容许每一题目（指标）从属于单一因子，但结构方程分析容许更加复杂的模型。例如，我们用英语书写的数学试题，去测量学生的数学能力，则测验得分（指标）既从属于数学因子，也从属于英语因子（因为得分也反映英语能力）。传统因子分析难以处理一个指标从属多个因子或者考虑高阶因子等有比较复杂的从属关系的模型。

5）估计整个模型的拟合程度。在传统路径分析中，我们只估计每一路径（变量间关系）的强弱。在结构方程分析中，除了上述参数的估计外，我们还可以计算不同模型对同一个样本数据的整体拟合程度，从而判断哪一个模型更接近数据所呈现的关系。

结构方程模型可以帮助我们检验模型是否吻合数据，是否为一个好的模型。验证模型拟合程度一般遵循以下步骤：

第一，输入观测变量的相关矩阵 S。

第二，提出简洁模型。在用结构方程模型进行分析时，需要输入的基本要素为：①被试人数；②变量的协方差矩阵（或相关矩阵）；③我们构想的模型（即假设的模型，可以用图形或指令方法输入）。

第三，程序反馈最接近的再生矩阵 Σ。分析结构方程模型的软件，会依据输入的相关矩阵 S 和模型，用一定的数学方法，找出另一个相关矩阵，称为再生矩阵（Reproduced Matrix），记为 Σ。此矩阵既符合模型 M1，又与 S 在某种意义上最接近。Σ 模型与 M1 有关，具体地说，与模型的路径参数（如因子负荷、因子间相关系数等）有关，在计算 Σ 的同时，AMOS 也会提供各路径参数的估计值。Σ 与 S 的差距越小，表示模型 M1 越能吻合数据。AMOS 在迭代计算过程中，尽量找一个与 S 的差距最小的 Σ，但如果找出最佳的 Σ 仍与 S 有很大的差异，则表示 M1 不吻合数据 S。

（2）验证性因子分析。结构方程模型应用很广，当用于验证某一因子模型是否与数据吻合时，称为验证性因子分析（Confirmatory Factor Analysis，CFA）。

因子分析模型如图 4.1 所示。

（3）结构方程模型拟合评价指标。结构方程模型方法中对结果的评价有绝对拟合指标、相对拟合指标和简约指标三类。通常应用绝对拟合指数来比较观察到的协方差矩阵与期望协方差矩阵之间的差异。常用的拟合指数有：

1）绝对拟合指数（P）。模型总体的拟合程度一般用卡方检验来实现，根据拟合函数和卡方分布特征，能够直接推出 P 值，在数值上卡方值是样本量减 1 与拟合函数的乘积，即：

$$\chi^2=(n-1)F \tag{4.4}$$

根据卡方值和卡方分布情况，可以推断出 P 值。卡方值表示了数据和模型的拟合程度，卡方值越大说明模型与数据之间的差距越大。因此，卡方值越显著，说明模型拟合越差。卡方值越小，说明模型与数据拟合较好。一般而言，完全不显著的卡方值并不多见。一般而言，研究更看重卡

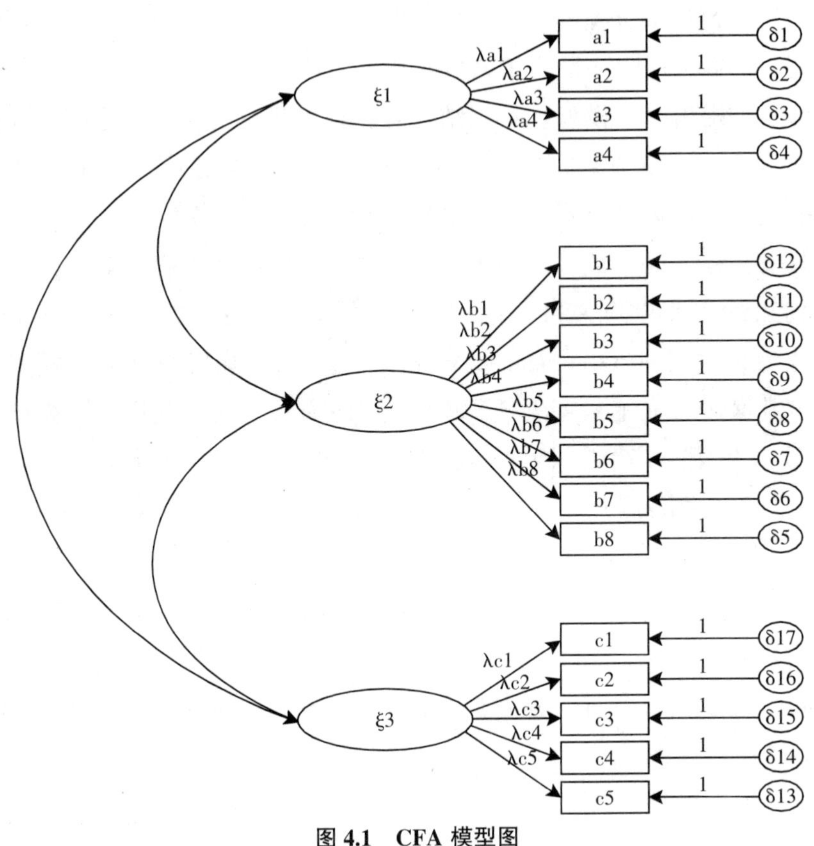

图 4.1 CFA 模型图

方值与自由度的比例，比例在 4 以下一般可以接受。χ^2 是最常报告的拟合优度指标，与自由度一起使用可以说明模型正确性的概率，χ^2/df 是直接检验样本协方差矩阵和估计方差矩阵之间的相似程度的统计量，其理论期望值为 1。χ^2/df 愈接近 1，表示模型拟合愈好。在实际研究中，χ^2/df 接近 2，认为模型拟合较好，样本较大时，5 左右也可接受。

2）拟合优度指数（GFI）。除了卡方之外，比较常用的还有拟合优度指数 GFI（Goodness of Fit Index）。其数值按照 $CFI = 1 - \frac{\hat{F}}{\hat{F}_b}$ 计算，$\hat{F}$ 表示差异函数（Discrepancy Function）的最小值，$\hat{F}_b$ 通过 $\sum$（g）=0，g=1，2，3，…，G 估计 $\hat{F}$ 得到。

该指数值在 0~1 之间，愈接近 0 表示拟合愈差，愈接近 1 表示拟合愈好。目前，多数学者认为，GFI ≥0.90，AGFI ≥0.8，提示模型拟合较好（也有学者认为 GFI 的标准为至少 >0.80，或 ≥0.85）。

3）经过调整的拟合优度系数（AGFI）。由于拟合优度系数受到自由度的影响，在计算测量指标是经常采用调整后的拟合优度系数。按照以下公式进行调整：

$$AGFI = 1 - (1 - GFI)\frac{d_b}{d} \tag{4.5}$$

式中，$d_b = \sum_{g=1}^{G} p(g)$，GFI 和 AGFI 最大值都是 1。1 表示百分之百吻合。

然而，AGFI 与 GFI 不同，其最小值不一定是 0。在研究中，AGFI 一般大于 0.9 则表示数据与模型的拟合程度较高，对于样本比较大的模型，一般认为超过 0.8 也能接受。

4）近似均方根误差（RMSEA）。RMSEA 是评价模型不拟合的指数，如果接近 0 表示拟合良好，相反，离 0 愈远表示拟合愈差。一般认为，如果 RMSEA=0，表示模型完全拟合；RMSEA < 0.05，表示模型接近拟合；0.05 ≤ RMSEA ≤ 0.08，表示模型拟合合理；0.08 < RMSEA < 0.10，表示模型拟合一般；RMSEA ≥ 0.10，表示模型拟合较差。

按照以下公式计算：

$$RMSEA = \sqrt{\hat{F}_0 / df}\ ,\ \hat{F}_0 = \max\{[\hat{F} - df/(n-1)],\ 0\} \tag{4.6}$$

$\hat{F}_0$ 是拟合函数最小值 $\hat{F}$ 与 $df/(n-1)$ 之间的差取整数的结果。最小值为 0。RMSEA 越小说明数据拟合程度越高。在研究过程中，对于 RMSEA 的标准，认为 0.1 以下可以接受，小于 0.05 及以下，表示模型与数据拟合程度较好。

5）标准拟合指数（NFI）。除了 GFI、AGFI、RMSEA 等指标外，NFI 也是常用的拟合指标。但是这个指标是相对拟合指标，表示的是理论模型与数据的相对拟合程度。通过比较理论模型与基准模型的数据，NFI（Normal Fit Index）的计算公式为：

$$NFI = \Delta_1 = 1 - \frac{\hat{C}}{\hat{C}_b} = 1 - \frac{F}{\hat{F}_b} \tag{4.7}$$

式中，$\hat{C} = n\hat{F}$ 是估计模型的最小差异值，$\hat{C} = n\hat{F}_b$ 是基本模型的最小差异值。

6）凯克信息标准（Akaike Information Criterion，AIC）。

其定义为：

$$AIC = c + 2t \tag{4.8}$$

式中，c = nF，t 是独立估计参数的个数，n 为样本容量。这些指标越小，说明模型越简洁并且拟合很好，但至于小到什么程度却没有明确标准。可以在选择模型时应用这些指标，先估计每个模型，将它们按照其中一个指标进行比较，然后选择其中值最小的模型。

4.3.3 最优尺度回归

最优尺度回归是一般线性回归方法的变形，其变换的依据是变量测量的基础。线性回归更适合数值型变量的分析。对分类变量和定序变量的分析往往转换成虚拟变量进行分析。更重要的是，对数值型变量的分析，一般线性回归往往更多地依赖于等距假定。所谓等距假定是指，对于自变量回归系数是恒定的。自变量变化单位不会随着数值的基数变化而变化。换言之，一般线性回归要求数据是等距的。如果我们需要研究教育背景对收入的影响，经常需要将教育背景划分为大专及以下、本科、硕士、博士四个级别。由于数据分析首先需要将教育背景进行数据编码，往往需要将其按照等级转换为 1、2、3、4。一般线性回归会认为从 1 到 2 和从 3 到 4 是等距的，假设四个级别之间是等距的，其变化是均匀的。然而，现实情况可能并不如此，从大专到本科的提升对收入的影响与从硕士到博士的影响显然不是线性的。由于这种假定往往与现实情况不符合，因此一般线性回归容易得出有偏差的结论。

对于一般的分类变量，例如地区、性别、民族等，一般线性回归经常采用虚拟变量分析，将分类变量进行编码。然而，尽管这些分类转换成数值，但这些数值之间的差值并没有确切的含义。因此，很难得到回归系数的估计。所以，标准的线性回归分析是通过自变量的组合，使因变量的残差平方和达到最小。当自变量为多分类（k 类）情形时，需要将该变量设置为 k-1 个二分类的哑变量或对比变量。因此，就该变量而言，估计的参数不是 1 个，而是 k-1 个。如果我们希望对每个分类变量只估计一个参数，即不作哑变量或对比变量转换，那么由于类别的赋值不同就会产生不同的参数估计，从而使得同一种变量之间的比较极为困难。

最优尺度回归分析，也叫最优标度回归分析，可以满足每个分类变量或等级变量只估计 1 个参数的需要，又能方便地进行同一变量中不同类别间的比较。最优尺度变换专门用于解决在统计建模时如何对分类变量进行量化的问题。利用最优尺度回归进行分析与其他方法的分析步骤基本相似，基本遵循五个步骤：

第一，模型设定。根据理论推理和变量设计，逐步确定需要估计的理论模型。不仅包括自变量、因变量及其关系的设定，还需要设定变量的数据类型。最优尺度的数据类型包括定类变量、定序变量、数值型变量、正态变量等。

第二，模型识别。根据数据类型，将数据导入，求解参数估计的过程。在最优尺度回归的过程中，如果样本数太少或者变量中 0 变量太多，都有可能导致模型无法识别，或者某些自变量的回归系数无法识别。

第三，模型估计。最优尺度回归对模型的估计采用极大似然估计方法和广义最小二乘法。

第四，模型评价。在取得了参数估计值以后，需要对模型与数据之间是否拟合进行评价，并与替代模型的拟合指标进行比较。

第五，模型修正。如果模型不能很好地拟合数据，就需要对模型进行修正和再次设定。

在这种情况下，研究人员需要决定如何删除、增加或修改模型的参数。通过参数的再设定可以增加模型的拟合程度。以上五个步骤构成了应用最优尺度回归方法来研究一个理论模型的基础工作。

4.3.4 调节回归

Baron 和 Kenny（1986）等最早提出了如何分析调节变量的调节回归。由于本书要分析竞争环境对商业模式创新与企业绩效关系的调节效应，分析动态能力的调节作用，这里首先回顾和介绍一下调节回归的分析方法。调节效应是指自变量对因变量的影响随着调节变量的高低而变化的效应，调节变量是能够对自变量与因变量之间关系产生影响的变量（Aiken and West，1991；Sharma，Durand and Gur–Arie，1981；Baron and Kenny，1986）。

调节效应的分析有方差分析、调节回归、分样本回归等多种方法。对于自变量和调节变量都是分类变量的模型，例如自变量是地区、调节是性别，众多研究采用方差分析来分析，在医学领域更加多见（Baron and Kenny，1986）。在管理学领域更多采用调节回归或者分样本回归方法验证调节效应（Sharma，Durand and Gur–Arie，1981）。

调节回归方法主要是将自变量和调节变量中心化之后形成交互项，然后将交互项回归作为检验调节效应的标准。回归项系数是否显著是调节效应是否显著的标志。分样本回归方法是将样本分成高低两个子样本，分别在两个子样本中进行主效应的回归分析，通过比较回归系数的变化来分析验证调节效应是否显著。

然而，分样本回归分析经常需要根据均值和标准差，将样本分为高样本和低样本。如果是定性变量，例如性别，则区分后的分样本总量涵盖了所有数据。而如果调节变量是连续变量，调节变量的高低采用均值加减一个标准差作为标准进行区分。这样会导致两个标准差之间的样本被剔除，从而导致数据的浪费（Sharma，Durand and Gur–Arie，1981）。正是由于这种原因，现在研究中更多地采用调节回归。

根据 Sharma、Durand 和 Gur–Arie（1981），Prescott（1986）以及 Cortina（1993）等学者提出的方法，在调节回归分析中，应当检验如下两个方程：

$$y=a+b_1x \tag{4.9}$$

$$y=a+b_1x+b_2z+b_3xz \tag{4.10}$$

式中：y 是因变量，x 是自变量，z 是调节变量，a 是常数项，b_1~b_3 表示回归系数。

式（4.9）首先检验主效应，即自变量对因变量的影响。如果回归系数显著，则认为主效应显著。其次，验证式（4.10），将自变量、调节变量以及自变量与调节变量的交互项对因变量回归。如果自变量依然显著，交互项显著则说明调节效应显著。Cohen 和 Cohen（2013）指出，将交互作用项（即：xz）加入方程，是控制了交互作用。

在模型中，一般存在控制变量。在有控制变量的情况下，首先要验证控制变量的效应，其次要验证自变量的效应，最后验证调节效应。要检验如下的三个方程：

$$y=a+b_1w \tag{4.11}$$

$$y=a+b_1w+b_2x \tag{4.12}$$

$$y=a+b_1w+b_2x+b_3z+b_4xz \tag{4.13}$$

式中：y 代表因变量，w 代表控制变量，x 代表自变量，z 代表调节变量，a 代表常数项，b_1~b_4 代表回归系数。式（4.11）检验控制变量的影响。式（4.12）检验自变量的影响，而式（4.13）检验调节效应。如果 b_4 显著，说明调节效应是显著的。

以上分析是基于线性的主效应开展的，而本书的主效应如果是非线性的，则调节作用的验证更加复杂。由于本书涉及的主效应都是线性的，本章只是介绍线性主效应的调节检验。

调节效应检验过程中，为了提高结果的稳定性，需要降低交互项带来的多重共线性。多重共线性是由于自变量之间精确的相关关系带来的误差。由于交互项是自变量和调节变量的乘积，自变量与交互项以及调节变量与交互项之间形成了天然的相关性，这种相关性的存在会带来多重共线性威胁。为了降低多重共线性的威胁，研究需要对自变量和调节变量进行均值中心化，将均值中心化后的数据相乘以构造交互项（Aiken and West，1991；Irwin and McClelland，2001；Jaccard，Wan and Turrisi，1990）。

4.3.5 多重共线性检验

计量经济学理论提出，当解释变量之间存在精确的相关性或者高度相关时，以最小二乘法为基础的线性回归会存在严重偏差，这种现象被称为多重共线性。多重共线性是常见的偏差之一，它会导致回归系数估计出现偏差。一般而言，多重共线性的存在会提高回归系数的虚假，高估回归系数，从而影响到回归方程的效果。由于变量之间的相关性是普遍存在的，回归分析普遍需要检验变量之间的相关带来的多重共线性是否会对回归系数产生严重影响。常用的计量指标包括膨胀因子和容忍系数两个相反的概念。对于每个回归方程中的每个自变量 x_j，其方差膨胀因子记为 $(VIF)_j$，它的计算方法为：

$$(VIF)_j=(1-R_j^2)^{-1} \tag{4.14}$$

式中，R_j^2 是以 x_j 为因变量进行回归时，因变量对其他自变量回归的复测定系数。在回归方程中，每个自变量都能计算出其 VIF。一般 VIF 超过 10，被认为是严重的多重共线性。回归方程中只要有 1 个自变量的 VIF 超过 10，就说明该回归方程受到多重共线性的严重影响，回归系数并不稳定。因此，研究中经常把回归方程中所有 x_j 变量中最大的（VIF）作为检验 VIF 的指标。

容忍系数是 VIF 的倒数，当 VIF 超过 10 时，容忍系数就会小于 0.1。因此，研究经常将自变量的容忍系数中存在小于 0.1 的情况，认定为存在严重的多重共线性。

4.3.6 相同方程中不同自变量的回归系数的比较方法

为了能够更好验证因变量相同而自变量不同因素间正向相关关系的强弱，我们利用虚拟变量法处理两个回归方程的结构性变化问题（古扎拉蒂，2000）。

$Cov(\hat{\beta}_2, \hat{\beta}_1)$的计算方法：

$$\hat{\beta}=(X'X)^{-1}X'y \tag{4.15}$$

将 $y=X\beta+\mu$ 代入式（4.7），可得：

$$\hat{\beta}=(X'X)^{-1}X'(X\beta+\mu)=(X'X)^{-1}X'X\beta+(X'X)^{-1}X'\mu=\beta+(X'X)^{-1}X'\mu \tag{4.16}$$

因此：$\hat{\beta}-\beta=(X'X)^{-1}X'\mu$

由$\hat{\beta}$的方差-协方差的定义可知：

$$\begin{aligned}\text{var}-\text{cov}(\hat{\beta})&=E[(\hat{\beta}-\beta)(\hat{\beta}-\beta)']=E\{[(X'X)^{-1}X'\mu][(X'X)^{-1}X'\mu]'\}\\&=E\{(X'X)^{-1}X'\mu\mu'X(X'X)^{-1}\}\end{aligned} \tag{4.17}$$

通过计算数学期望可得：

$$\text{var}-\text{cov}(\hat{\beta})=(X'X)^{-1}X'\mu\mu'X(X'X)^{-1}=\sigma^2(X'X)^{-1} \tag{4.18}$$

式中，$E(\mu\mu')=\sigma^2 I$

$$t=\frac{(\hat{\beta}_2-\hat{\beta}_1)-(\beta_2-\beta_1)}{se\ (\hat{\beta}_2-\hat{\beta}_1)} \tag{4.19}$$

可以证明，遵循自由度为（n－4）的 t 分布，标准误则 se $(\hat{\beta}_2-\hat{\beta}_1)$ 可以通过公式计算：

$$se\ (\hat{\beta}_2-\hat{\beta}_1)=\sqrt{\text{var}(\hat{\beta}_2)+\text{var}(\hat{\beta}_1)-2\text{Cov}(\hat{\beta}_2,\ \hat{\beta}_1)} \tag{4.20}$$

如果将虚拟假设和 se $(\hat{\beta}_2-\hat{\beta}_1)$ 的表达式代入公式，我们的检验统计量就变为：

$$t=\frac{\hat{\beta}_2-\hat{\beta}_1}{\sqrt{\text{var}(\hat{\beta}_2)+\text{var}(\hat{\beta}_1)-2\text{Cov}(\hat{\beta}_2,\ \hat{\beta}_1)}} \tag{4.21}$$

4.4 小　结

本书对数据采集的过程、样本特征、变量测量和统计分析方法进行了说明。数据采集方面，阐释了问卷设计过程、样本选择过程、调研过程、数据整理过程；样本特征方面分析了最终有效样本在企业规模、年龄、行业、所有制等方面的分布特征，采用 T 检验和卡方检验分析了未回收偏差。变量测量方面，介绍了变量测量的指标构成及变量测量的根据；统计分析方法方面，介绍了本书采用的 CFA，回归分析以及系数比较方面的统计分析程序和方法。

5 实证分析及结果

首先，我们对本书所用到的结构性潜变量的测量信度（可靠性）和效度进行验证，然后在此基础上用多元回归的方法对本书提出的模型和假设进行验证。

5.1 信度、效度分析

本书采用了 SPSS13.0 以及 LISREl8.7 对测量指标进行分析，对因子进行信度和效度检验。

5.1.1 变量信度的验证

变量测量信度是指测量的稳定性和可靠性程度。对于反映型变量，信度表示的是变量变异方差中随机误差的比例。随机误差越大，测量可靠性越低。对于反映型变量而言，测量的可靠性越高，指标越能一致性地反映潜变量的变化。因此，研究通常测量问卷本身各个指标之间的内部一致性，采用克隆巴赫系数（Cronbach's alpha）评估测量问卷的内部一致性（Nunnally，1978）。克隆巴赫系数是从 0 到 1 的系数，一般而言，0.7 是该系数可以接受的常用的标准（Cronbach，1951；Nunnally，1978）。然而，由于很多问卷是第一次设计，很容易容纳更多的随机误差，因此，Nunnally（1978）提出，如果变量测量指标是新设计的，那么这些变量的克隆巴赫系数的标准可以降低到 0.6。

除了克隆巴赫系数之外，研究中也常用组合系数（Composite Reliability）来衡量，用 C.R.表示测量的信度。与克隆巴赫系数相似，组合系数也是从 0 到 1 的系数，一般要求超过 0.7 才可以被接受。

研究采用 SPSS 中的 Reliability 功能计算了各个测量指标的克隆巴赫系数。表 5.1 显示，所有多指标测量的潜变量，Cronbach's alpha 值都超过了 0.7，新设计的内部资源重构能力和联盟管理能力的 Cronbach's alpha 值也都超过了 0.8，说明本书的问卷测量指标稳定性较好。从 C.R.取值情况看，各个变量的取值都大于 0.8。从以往研究的标准看，本书测量指标的信度达到较高标准。

除了信度之外，变量测量还需要严格检验效度。效度是指测量指标与测量意图之间的差异，反映的是变量变异中的系统变异的比例。效度越高，说明测量指标的确测量了想要测量的概念。效度区分为内容效度、聚敛效度和区别效度三类。

5.1.2 变量的内容效度

变量的内容效度反映的是该变量测量的内容与要测量的本质内涵和范围的差距（Churchill，1979）。内容效度的衡量方面，目前没有定量的指标。内容信度的评价更依赖对指标内容的评价，一般要求测量指标的陈述要恰当而准确地反映概念的内涵。

为了提高内容效度，研究在设计问卷之初，认真阅读相关文献，在梳理概念的基础上结合高管的访谈产生了指标初稿，并在预调研基础上进行了修正。在问卷发放之前，将本文所研究的问题和所用的测量变量及指标向当前在该领域内非常活跃的学者和管理人员进行了访谈与咨询，要求其针对研究中变量的测量是否清楚和完善，以及变量之间可能存在何种关系等问题进行评价。在此基础上，对涉及的指标进行了调整和修改，最后确立了问卷的正式稿。以上这些措施都保证了研究所用问卷的内容效度。

表 5.1　信度、效度检验

变量	指　标	因子负载	α 值/AVE 值
企业绩效	(1) 资产回报率	0.827	α = 0.867 C.R = 0.879 AVE = 0.551
	(2) 销售回报率	0.809	
	(3) 投资回报率	0.766	
	(4) 平均利润率	0.712	
	(5) 销售额的增长	0.607	
	(6) 市场份额增长	0.713	
	(7) 利润的增长	0.800	
竞争强度	(1) 公司面临的市场竞争很激烈	0.830	α = 0.859 CR = 0.902 AVE = 0.647
	(2) 市场上有太多与我们相类似的产品	0.784	
	(3) 市场中经常发生价格战	0.846	
	(4) 市场上新的促销手段层出不穷	0.755	
	(5) 竞争对手经常试图抢夺我们的客户	0.805	
制度执行失效	(1) 很多政策的执行缺乏有效的监管	0.842	α = 0.904 CR = 0.930 AVE = 0.727
	(2) 知识产权制度的执行非常脆弱	0.877	
	(3) 现有制度法规的执行难以有效保护公司的商业利益	0.853	
	(4) 相关制度的执行阶段有待加强	0.853	
	(5) 行业标准的执行缺乏监管	0.837	
效率型商业模式创新	(1) 降低了交易成本	0.773	α = 0.932 CR = 0.942 AVE = 0.622
	(2) 简化了交易流程	0.746	
	(3) 降低了交易差错	0.812	
	(4) 降低了营销、交易费用及沟通成本	0.812	
	(5) 使交易信息更透明	0.791	
	(6) 降低了交易过程中的信息不对称	0.841	
	(7) 有利于所有合作伙伴之间共享信息	0.762	
	(8) 有利于聚集分散的需求	0.780	
	(9) 加快了交易速度	0.744	
	(10) 大大提高了交易效率	0.820	
新颖型商业模式创新	(1) 引入了新的合作者	0.658	α = 0.935 CR = 0.926 AVE = 0.568
	(2) 代表了产品、服务和信息的新组合	0.656	
	(3) 采用新的方式激励合作伙伴	0.666	

续表

变量	指　标	因子负载	α 值/AVE 值
新颖型商业模式创新	(4) 引入大量的、全新的、多样化合作伙伴	0.647	α = 0.935 CR = 0.926 AVE = 0.568
	(5) 用新方式将各种参与者紧密联系起来	0.681	
	(6) 采用了新的交易方式	0.694	
	(7) 创造了新的盈利方式	0.846	
	(8) 创造了新的盈利点	0.847	
	(9) 引入新的思想、方法和商品	0.875	
行业内学习	(1) 终端客户	0.698	α = 0.728 CR = 0.831 AVE = 0.553
	(2) 供应商	0.791	
	(3) 分销商	0.835	
	(4) 同行	0.635	
行业外学习	(1) 政府部门	0.759	α = 0.844 CR = 0.885 AVE = 0.563
	(2) 大学	0.789	
	(3) 科研机构	0.769	
	(4) 媒体（网络、报纸杂志、电视等）	0.776	
	(5) 其他行业的顾客	0.738	
	(6) 各类会议	0.662	
联盟管理能力	(1) 善于将自身优势与合作者的优势资源进行匹配	0.836	α = 0.890 CR = 0.920 AVE = 0.697
	(2) 善于使合作者的资源优势得到充分发挥	0.849	
	(3) 善于使自己的优势得到充分的发挥	0.846	
	(4) 善于根据环境变化对各方资源重新优化	0.837	
	(5) 善于根据合作需要优化整个合作网络的资源配置	0.806	
内部重构能力	(1) 公司能够针对不同产品重新配置资源用途	0.860	α = 0.874 CR = 0.914 AVE = 0.727
	(2) 我们善于对产品的资源链条进行重新构建	0.880	
	(3) 我们能够有效地改变内部组织流程	0.854	
	(4) 我们能够有效地创造新的资源组合	0.815	

5.1.3　变量的聚敛效度和区别效度

聚敛效度和区别效度也被称为结构效度。主要基于问卷测量的结构，验证指标在多大程度上反映了潜变量的变化以及多大程度上没有与其他潜在概念重叠。指标反映潜变量的程度被称为聚敛效度，指标测量潜变量的专属性被称为区别效度。对聚敛效度可以采用 SPSS13.0、LISREL 等多种软件完成。而对区别效度，SPSS13.0 往往难以完成，通常要借助结构方程模型方法中的验证性因子分析（Confirm Factor Analysis，CFA）。

收敛效度一般通过因子载荷和 AVE 检验。因子载荷可以通过因子分析获得，研究采用因子分析得到了各个因子的因子载荷。如表 5.2 所示，所有指标的因子载荷都大于 0.6，绝大部分指标都超过 0.7。达到 Fornell 和 Larker（1981）提出的因子载荷的标准。他们提出因子载荷超过 0.6 可以接受。Ford、McCallum 和 Tait（1986）认为，这个标准过于苛刻，很多新的测量指标其因子载荷超过 0.4 也可以被接受。然而，本书认为 0.4 的标准过低，过低的因子载荷不仅说明指标反映的潜变量变异较少，还容易导致交叉负载。因此，研究采用 0.6 的标准。从因子分析的结果上看，研究指标的聚敛效度达到较高标准。

表 5.2 变量区别效度的 $\Delta\chi^2$ 检验

变量	1	2	3	4	5	6	7	8	9
制度执行	N/A								
竞争强度	10.8**	N/A							
联盟管理能力	69.5**	79.7**	N/A						
内部重构能力	77.0**	45.7**	17.4**	N/A					
行业内学习	71.6**	47.8**	42.2**	16.0**	N/A				
行业外学习	34.6**	96.1**	46.7**	18.6**	14.1**	N/A			
新颖型商业模式	91.4**	14.4**	76.4**	34.6**	72.4**	69.7**	N/A		
效率型商业模式	86.7**	16.7**	72.7**	21.4**	39.6**	71.8**	12.7**	N/A	
企业绩效	70.8**	19.8**	39.8**	16.7**	45.4**	34.5**	42.8**	36.2**	N/A

注：①数字表示该行与该列变量得到的 $\Delta\chi^2$ 值；②N/A 表示不适用；③+表示在 0.1 水平下显著，* 表示在 0.05 水平下显著，** 表示在 0.01 水平下显著。

AVE 法也可以检验聚敛效度。AVE（Abstracted Variance Estimate）是指平均提取方差，表示某变量所有测量指标解释潜变量变异的平均值。AVE 的一般标准是 0.5，超过 0.5 认为该变量的测量指标聚敛效度达到要求。本书认为，如果因子的 AVE 超过 0.5，一般也认为该因子的聚敛效度达到要求。

区别效度表明了不同结构变量的测量具有独特性。对区别效度的检验，本书采用 χ^2 法和 AVE 法检验因子之间的区别效度。AVE 法检验区别效度需要将变量的 AVE 逐个计算之后，取开方值后与改变变量及其他所有变量的相关系数进行比较。如果开方值小于改变变量与某一变量的相关系数，说明指标能够解释的变异量小于这些指标解释别的变量的比例，说明变量之间变异的交叉比例比较大。此时，变量之间存在较低的区别效度。而采用卡方法区分变量时，需要利用 CFA 方法将变量进行大量的两两比较。

首先，按照 Bagozzi 等（1980）所提出的评判标准，研究采用卡方法进行了变量间区别效度检验。在本书中，我们将通过验证性因子分析来验证区别效度。我们构建所有可能的因子变量排列组合的模型，在此基础上，用验证性因子分析来分析两个不同的因子变量间自由相关的模型和将两个因子变量间的关系固定为 1 的模型，并计算这两个模型的 χ^2 差值。如果自由相关的模型和固定相关系数为 1 的模型之间的 χ^2 值存在显著的差异（$p < 0.01$），那么我们就可以认为自由相关的模型优于固定系数为 1 的模型，也就是这两个变量具有统计上显著的区别效度。如表 5.2 所示，我们对 9 个变量中同类变量进行了 χ^2 值检验。对于本书的潜变量区别效度的检验结果表明，本书所采用的变量具有显著的区别效度。

其次，本书计算了 AVE 的开方值，如表 5.3 所示，AVE 的开方值比所在行和所在列的所有相关系数都大，说明各个因子之间的区别效度较好。

由于 CFA 和 AVE 都是分变量对区别进行检验，可能会忽略同时估计所有指标时带来的偏差。因此，本书采用 LISREL8.7 软件对所有指标同时存在的模型进行了总体的 CFA 检验。模型结果显示了较好的拟合效果（Root Mean Square Error of Approximation（RMSEA）= 0.078；Normed Fit Index（NFI）= 0.91；Non-Normed Fit Index（NNFI）= 0.94；Comparative Fit Index（CFI）= 0.95）。研究采用的自由模型进行了进一步分析，将指标设定为一个变量作为自由模型。结果表明，自由模型的拟合效果较差（Root Mean Square Error of Approximation（RMSEA）= 0.15；Normed Fit Index（NFI）= 0.42；Non-Normed Fit Index（NNFI）= 0.42；Comparative Fit Index（CFI）= 0.58）。这说明，模型所选的指标具有较好的效度和信度。

表 5.3 相关系数

	均值	标准差	1	2	3	4	5	6	7	8	9	10	11	12
1. 企业年龄	2.31	0.79	N/A											
2. 企业规模	5.21	1.53	0.65^{**}	N/A										
3. 高新企业	0.78	0.42	0.14^{*}	0.05	N/A									
4. 制度执行	3.41	0.92	0.10	0.00	0.16^{*}	**0.85**								
5. 竞争强度	3.84	0.74	0.13+	0.23^{**}	0.01	0.09	**0.80**							
6. 联盟管理能力	3.95	0.61	–0.11	0.02	0.06	–0.10	0.02	**0.83**						
7. 内部重构能力	3.68	0.70	$–0.15^{*}$	–0.03	0.09	–0.01	–0.01	0.47^{**}	**0.85**					
8. 行业内学习	3.31	0.74	0.00	0.08	–0.10	–0.05	0.15^{*}	0.18^{*}	0.29^{**}	**0.74**				
9. 行业外学习	3.02	0.79	–0.02	0.06	0.06	–0.05	0.10	0.31^{**}	0.48^{**}	0.55^{**}	**0.75**			
10. 新颖型商业模式	3.61	0.66	–0.10	–0.03	0.14^{*}	–0.03	0.07	0.66^{**}	0.47^{**}	0.26^{**}	0.36^{**}	**0.75**		
11. 效率型商业模式	3.64	0.66	–0.07	0.03	–0.04	$–0.14^{*}$	0.06	0.58^{**}	0.42^{**}	0.15^{*}	0.33^{**}	0.62^{**}	**0.79**	
12. 企业绩效	3.12	0.65	–0.08	0.00	0.19^{**}	–0.10	$–0.15^{*}$	0.18^{**}	0.24^{**}	0.05	0.12+	0.26^{**}	0.18^{**}	**0.74**

注：①N = 238；②+在 0.1 水平下显著，* 在 0.05 水平下显著，** 在 0.01 水平下显著，*** 在 0.001 水平下显著；③对角线上为 AVE 开方值；④N/A 表示不适用。

5.2 普通方法误差

普通方法误差是实证研究必须要检验和控制的重要误差。该误差的控制也是实证研究的难点，Podsakoff 等学者早在 1986 年就提出，由于很多实证研究请同一个问卷填写人完成，造成自变量和因变量之间的相关性受到严重影响。例如，企业评价了创新活动之后继续评价企业绩效时，创新活动评价高的企业也会想当然地提高企业绩效的评价。或者对企业绩效评价高的企业也认为创新活动在同行中是较好的。即使研究发现创新绩效能够显著促进企业绩效，但这一结果可能并不是变量之间的关系带来的，而恰恰是同源带来的。

Podsakoff 最早整理了检验该误差的方法。他们认为如果同源误差非常显著，将导致测量不同变量的指标会聚合成较大的因子。因此，提出了 Harman 单因子法来检验普通方法误差。具体步骤是，将所有指标进行无旋转的探索性因子分析。如果发现所有指标都聚在一个因子上，或者有解释变异比例过大的因子，则认为存在普通方法误差。本书对所有指标的探索性因子分析发现，最大因子的变异解释比例为 19.13%。

尽管 Harman 单因子检验被广泛应用很多年，但这种方法只能检验，而不能实现控制。更重要的是，目前很多学者都认为 Harman 单因子检验并不可靠。国际顶级期刊 *Journal of International Business Studies* 发表论文对 Harman 单因子检验进行了严厉批评，基本不认同该检验的结果。根据 Podsakoff、MacKenzie 和 Lee（2003）的建议，降低普通方法误差的最好方法是彻底改变同源的调研方法。由于同源而造成的系统误差，根据以往研究学者提出的解决方案，避免普通方法误差最好的方法是在调研时请同一企业的多个人参与调研。

因此，本书采用分离自变量和因变量填写的方式来降低普通方法误差。企业绩效、制度执行效力、商业模式创新、联盟管理能力采用问卷 A

的变量，对外部学习和资源重构能力采用问卷 B 里面的测量指标。这种方法能够最大限度降低普通方法误差的影响。

5.3 相关分析

为了初步分析研究模型假设关系，本书首先进行了相关分析。与回归分析不同，相关分析只能确定相关关系而不能分析因果关系。相关分析只能从数据上发现两个变量之间的变化关系，而这种变化关系本身是否存在因果关系却很难确定。其原因在于，相关关系本身无法剔除共同变量的影响，也无法剔除其他因素的影响。例如，儿童身高与年级存在正相关关系，但两者之间只是时间作用的共同结果，也不存在因果关系。然而，相关关系往往被看作是因果关系的初步分析。更重要的是，相关分析可以明确变量之间是否存在过度相关和概念的过度重叠，决定是否存在多重共线性。

本书利用 SPSS13.0 把所有相关变量作 Pearson 相关分析，见表 5.3。新颖型商业模式创新和效率型商业模式创新与企业绩效的相关系数显著为正。行业内学习和行业外学习与新颖型商业模式创新和效率型商业模式创新的相关系数都显著。这些说明，行业外学习、行业内学习、效率型商业模式创新、新颖型商业模式创新以及企业绩效之间存在显著的相关关系，初步证明了本书理论模型构建的合理性，为回归分析奠定了较好的基础。同时，从相关系数表中可以看出，结构变量间的相关系数没有超过 0.7，说明变量之间不存在过度相关现象。分析结果不会受到多重共线性的严重威胁。然而，从相关系数表看，新颖型商业模式创新与效率型商业模式创新之间的相关系数、联盟管理能力和内部资源重构能力之间的相关系数，以及行业内外学习的相关系数都比较显著，说明变量之间有较强的相关性。需要更加严格地检验三组变量的区别效度。

5.4 回归分析及结果

本书采用 SPSS13.0 软件的回归分析来验证理论模型。回归分析中按照控制变量、自变量及调节变量的顺序逐步进行回归分析。首先，引入控制变量。其次，引入主效应变量。对企业绩效而言，商业模式创新是主效应变量；对商业模式创新而言，行业内学习和行业外学习是主效应变量。最后，引入调节效应变量。由于引入调节效应变量会带来多重共线性威胁，因此，按照 Venkatraman（1989）的建议，本书在引入调节效应项之前，对相应变量进行了均值中性化。为了进一步检验多重共线性的威胁，研究在 SPSS 的回归分析中选择计算了每一个自变量的膨胀因子系数。回归分析结果显示，所有模型中的最大的方差膨胀因子为 2.7，远小于 10。因此，本书的回归结果受到多重共线性威胁较小。表 5.4 显示了回归分析结果。

5.4.1 商业模式创新对企业绩效影响效果的验证

假设 1a 和假设 1b 认为新颖型商业模式创新与效率型商业模式创新都对企业绩效有显著的促进作用。即两类商业模式创新与企业绩效的回归系数应该显著为正。表 5.4 中的模型 1 和模型 2 用于验证商业模式创新对企业绩效的影响。模型 1 为基础模型，仅检验了控制变量的影响。从模型 1 的结果看，企业年龄越大绩效越差，规模越大绩效越好，高新技术企业类型没有显著影响。但值得注意的是，制度执行失效和竞争强度都对企业绩效有显著的抑制作用。这说明，制度环境和竞争环境对企业绩效的影响非常显著。在中国市场竞争环境中，制度环境和竞争强度是影响企业绩效的两个重要维度。

从模型 2 中可以看出，模型 2 的 F 值为 6.726，在显著性水平 $p < 0.01$ 上显著，表明在该统计样本和数据下，模型 2 的回归方程是有意义的。模型 2 调整后的 R^2 为 0.313，表明因变量 31.3%的变动可以被模型中的自变

表 5.4　回归结果汇总

	企业绩效			新颖型商业模式创新		效率型商业模式创新	
	模型 1	模型 2	模型 3	模型 4	模型 5	模型 6	模型 7
1. 企业年龄	-0.179**	-0.158**	-0.174**	-0.155**	-0.031	-0.187**	-0.125*
2. 企业规模	0.181**	0.162**	0.169**	0.016	-0.112*	0.125+	0.195**
3. 行业类型（高新）	0.054	0.035	0.047	0.238**	0.130*	0.011	-0.015
4. 制度执行效力	-0.533**	-0.527**	-0.509**	-0.158**	-0.081+	-0.185**	-0.151**
5. 竞争强度	-0.114*	-0.125*	-0.115*	0.156**	0.158**	0.107+	0.060
6. 新颖型商业模式创新		0.195**	0.122*				
7. 效率型商业模式创新		0.111*	0.118*				
8. 新颖 × 竞争强度			-0.188**				
9. 效率 × 竞争强度			0.109+				
10. 新颖 × 制度执行			-0.120*				
11. 效率 × 制度执行			-0.106*				
12. 行业内学习				-0.114+	-0.120*	0.190**	0.186**
13. 行业外学习				0.318**	0.165**	0.396**	0.208**
14. 内部资源重构能力					0.248**		0.133**
15. 联盟管理能力					0.421**		0.533**
16. 内部资源重构能力 × 行业内学习					-0.240**		-0.081
17. 内部资源重构能力 × 行业外学习					0.221**		0.136**
18. 联盟管理能力 × 行业内学习					-0.095*		0.146**
19. 联盟管理能力 × 行业外学习					0.256**		0.174**
R^2	0.342	0.368	0.391	0.269	0.591	0.248	0.554
调整后 R^2	0.301	0.313	0.292	0.202	0.493	0.179	0.451
F 值	8.199**	6.726**	3.961**	4.003**	6.046**	3.586**	5.368**

注：+，* 表示显著性水平；+表示在 0.1 水平下显著；* 表示在 0.05 水平下显著；** 表示在 0.01 水平下显著；*** 表示在 0.001 水平下显著。

量解释。模型 2 的回归结果显示，增加新颖型商业模式创新和效率型商业模式创新之后模型的 R^2 显著提高（$\beta = 0.012$，$p < 0.05$）。回归结果显示，新颖型商业模式创新对企业绩效存在显著的正向影响（$\beta = 0.195$，$p < 0.01$），因而假设 1a 得到支持；结果显示效率型商业模式创新对企业绩效存在显著的正向影响（$\beta = 0.111$，$p < 0.05$）。因此，效率型商业模式创新对企业绩效有显著促进作用，假设 1b 得到支持。为了更直观地展现两类商业模式创新对企业绩效的影响，如图 5.1 所示，随着两类商业模式创新水平的增加，企业绩效随之提高。值得注意的是，尽管两类商业模式创新都对企业绩效有促进作用，然而图 5.1 显示，新颖型商业模式创新对企业绩效的促进作用更强。

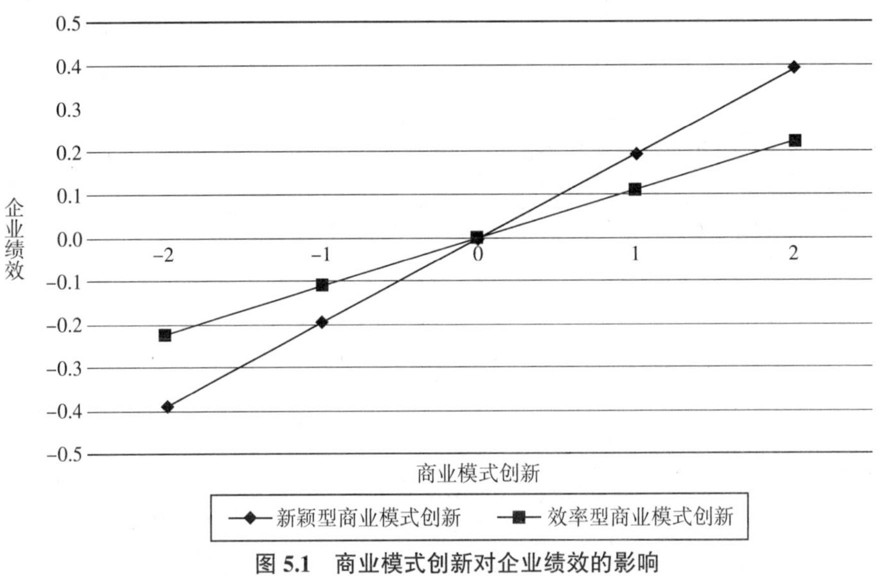

图 5.1 商业模式创新对企业绩效的影响

5.4.2 竞争环境的调节作用

假设 2a 和假设 2b 认为，竞争强度会加强效率型商业模式创新对企业绩效的促进作用而竞争强度又会削弱新颖型商业模式创新对企业绩效的影响。假设 3a 和假设 3b 提出，制度执行失效会削弱效率型和新颖型商业模式创新对企业绩效的影响。模型 3 验证了竞争强度和制度执行失效的调节作用。回归过程中在模型 2 的基础上放入两类商业模式创新与两个调节变量的交叉项，R^2 显著增加（β = 0.023，P < 0.01）。从模型 3 可以看出，模型 3 的 F 值为 3.961，在显著性水平 p < 0.01 上显著，表明在该统计样本和数据下，模型 3 的回归方程是有意义的。模型 3 的调整后的 R^2 为 0.292，表明因变量 29.2%的变动可以被模型中的自变量解释。模型 3 回归结果显示，竞争强度与新颖型商业模式创新的乘积项对企业绩效的回归系数显著为负（β = −0.188，p < 0.01），竞争强度与效率型商业模式创新的乘积项对企业绩效存在显著的正向影响（β = 0.109，p < 0.1）。

为了更直观地展现竞争强度的调节作用，本书绘制了图 5.2 和图 5.3。如图 5.2 所示，竞争强度水平提高时，新颖型商业模式创新对企业绩效的促进作用变弱。如图 5.3 所示，竞争强度水平提高时，效率型商业模式创新对企业绩效的促进作用变强。因此，竞争强度加强了效率型商业模式创新对企业绩效的作用而削弱了新颖型商业模式创新对企业绩效的促进作用。因此，假设 2a 和假设 2b 得到充分支持。

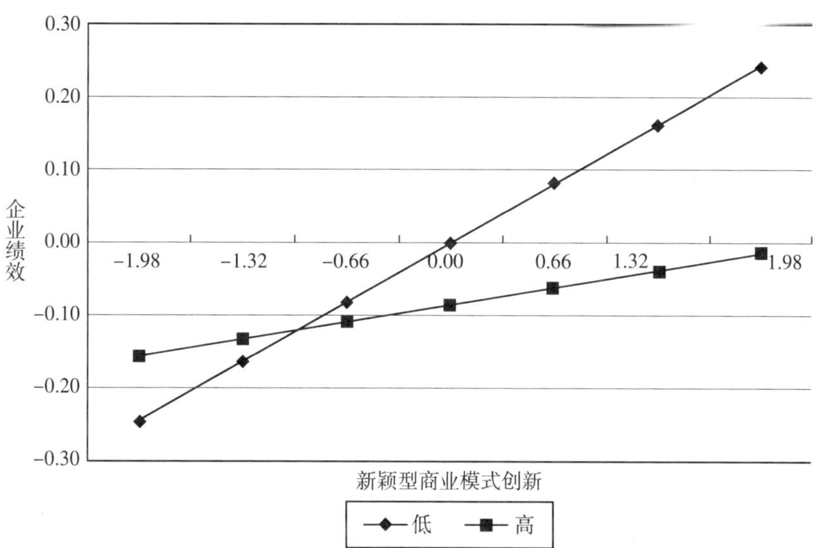

图 5.2 竞争强度—新颖型商业模式创新调节效应

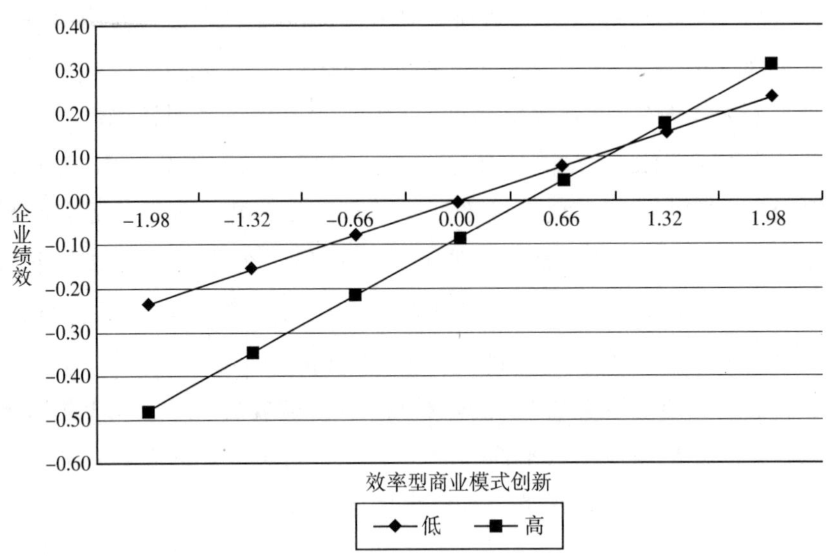

图 5.3 竞争强度—效率型商业模式创新调节效应

模型 3 回归结果显示，制度执行失效与新颖型商业模式创新的乘积项对企业绩效的回顾系数显著为负（$\beta = -0.120$，$p < 0.05$），制度执行失效与效率型商业模式创新的乘积项对企业绩效存在显著的负向影响（$\beta = -0.106$，$p < 0.05$）。为了更直观地展现制度执行失效的调节作用，研究绘制了图 5.4 和图 5.5。如图 5.4 所示，制度执行失效水平提高时，新颖型商业模式创新对企业绩效的促进作用变弱。如图 5.5 所示，制度执行失效水平提高时，效率型商业模式创新对企业绩效的促进作用变弱。因此，制度执行失效削弱了效率型商业模式创新和新颖型商业模式创新对企业绩效的作用。因此，假设 3a 和假设 3b 得到充分支持。

5.4.3 外部学习对商业模式创新的影响

（1）行业内学习对商业模式创新的影响。假设 4a 和假设 4b 提出，行业内学习促进效率型商业模式创新而抑制新颖型商业模式创新。表 5.4 中的模型 4 和模型 6 用于验证行业内学习对两类商业模式创新的影响。从模型 4 回归结果显示，行业内学习对新颖型商业模式创新的回归系数显著为负（$\beta = -0.114$，$p < 0.1$），模型 6 的结果显示，行业内学习对效率型商业

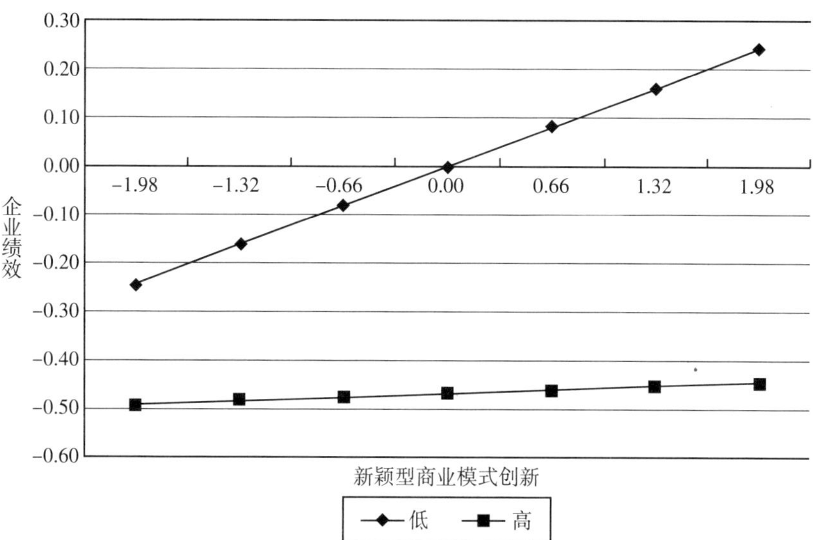

图 5.4 制度执行失效—新颖型商业模式创新调节效应

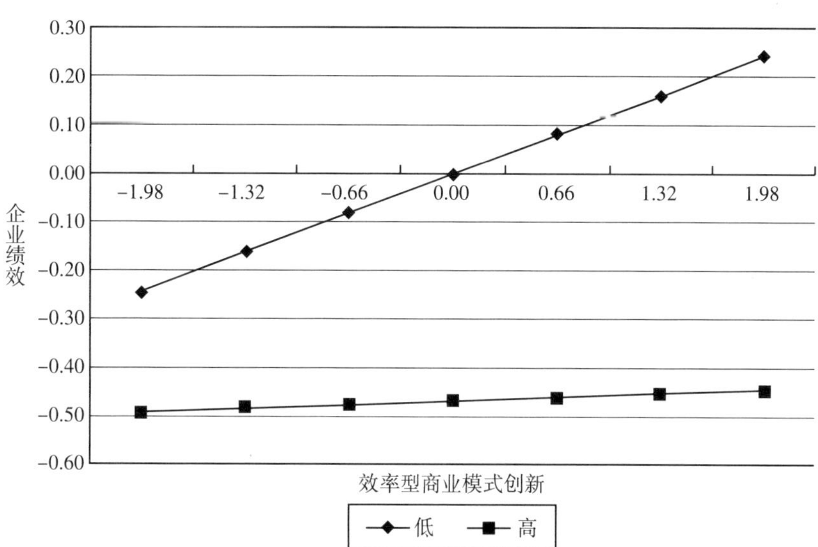

图 5.5 制度执行失效—效率型商业模式创新调节效应

模式创新的回归系数显著为正（$\beta = 0.190$，$p < 0.01$）。为了更直观地展现行业内学习对商业模式创新的影响，如图 5.6 所示，随着行业内学习水平的增加，新颖型商业模式创新的水平随之降低，而效率型商业模式创新的水平提高。这意味着，行业内学习促进了效率型商业模式创新而抑制新颖

型商业模式创新。因此，假设 4a 和假设 4b 得到充分支持。

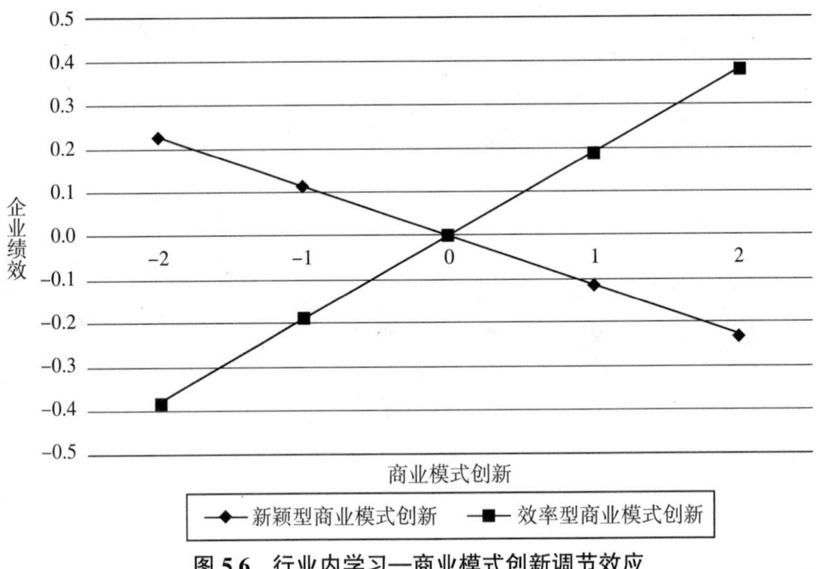

图 5.6　行业内学习—商业模式创新调节效应

（2）行业外学习对商业模式创新的影响。假设 5a 和假设 5b 提出，行业外学习促进效率型商业模式创新和新颖型商业模式创新。表 5.4 中的模型 4 和模型 6 用于验证行业外学习对两类商业模式创新的影响。从模型 4 回归结果显示，行业内学习对新颖型商业模式创新的回归系数显著为正（$\beta=0.318$，$p<0.01$），模型 6 的结果显示行业外学习对效率型商业模式创新的回归系数显著为正（$\beta=0.396$，$p<0.01$）。为了更直观地展现行业外学习对商业模式创新的影响，如图 5.7 所示，随着行业外学习水平的增加，新颖型商业模式创新和效率型商业模式创新的水平随之提高。这意味着，行业外学习对两类商业模式创新都有显著的促进作用。因此，假设 5a 和假设 5b 得到充分支持。

为了更好地比较不同类型的学习对商业模式创新的影响，研究进一步对回归系数进行了比较。从模型 4 可以看出，行业内学习对新颖型商业模式创新的回归系数显著为负，而行业外学习对新颖型商业模式创新的回归系数显著为正。这说明，行业内学习抑制而行业外学习促进新颖型商业模式创新。而模型 6 显示，行业内学习和行业外学习对效率型商业模式创新的回归系数都显著为正。而行业外学习的回归系数更大（0.396）。为了检验回归系数差异的显著性，研究进行了 T 检验，发现行业外学习与行业内学习回归系数的差值显著（$\beta = 22.95$；$p < 0.001$）。为了更直观地比较行业内外学习对效率型商业模式创新的影响，如图 5.8 所示，行业外学习对效

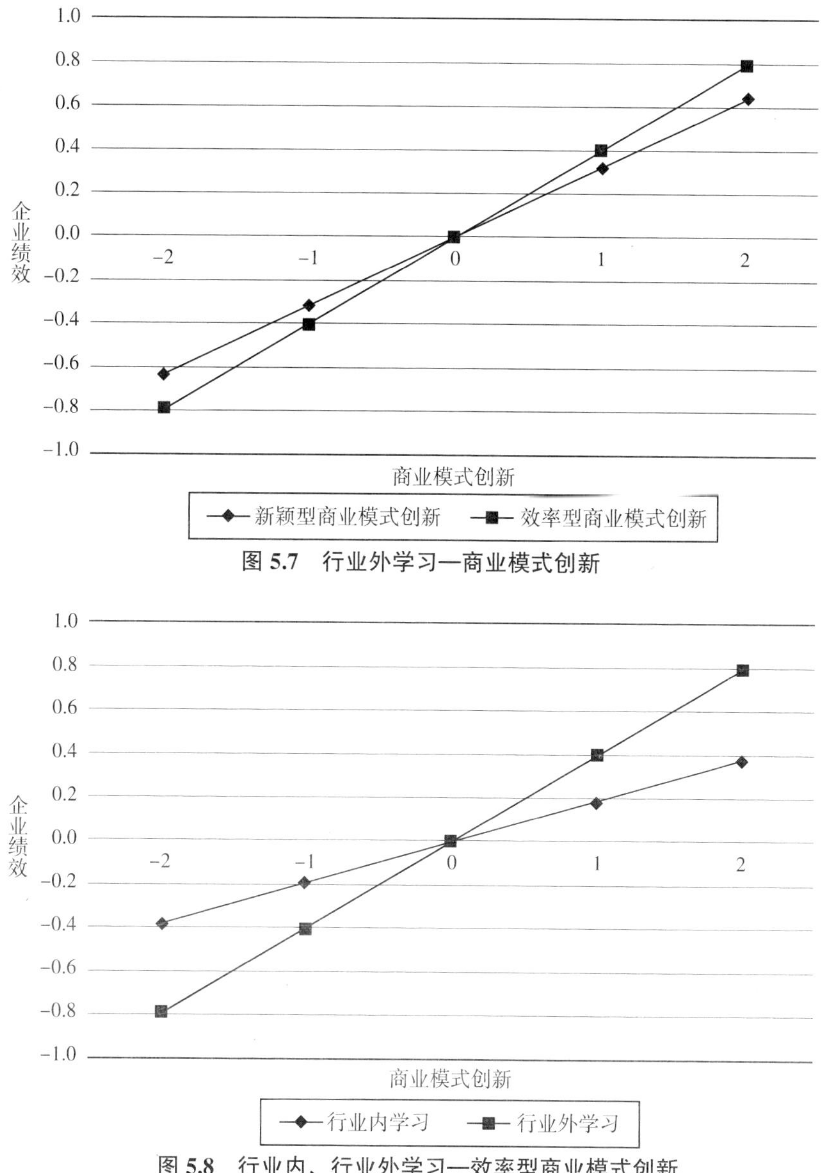

图 5.7　行业外学习—商业模式创新

图 5.8　行业内、行业外学习—效率型商业模式创新

率型商业模式创新的影响更大。

5.4.4 动态能力对外部学习与商业模式创新关系的调节作用

（1）资源重构能力与联盟管理能力对行业内学习效应的调节。假设 6a 和假设 6b 认为，资源重构能力会加强行业内学习对两类商业模式创新的影响。即资源重构能力越强，行业内学习对新颖型商业模式创新的削弱作用越强，而对效率型商业模式创新的促进作用明显。模型 5 和模型 7 检验了假设 6a 和假设 6b。模型 5 的回归结果显示，资源重构能力和行业内学习的交互项的回归系数显著为负（$\beta = -0.240$，$p < 0.01$），这说明资源重构能力对行业内学习与新颖型商业创新之间的关系有显著的调节作用。为了更好地表示资源重构能力的调节作用，研究绘制了资源重构能力不同水平下行业内学习与新颖型商业模式创新的关系图。如图 5.9 所示，资源重构能力水平提高时，代表行业内学习与新颖型商业模式创新关系的直线斜率明显降低。这说明，资源重构能力加强了行业内学习对新颖型商业模式创新的削弱作用。因此，假设 6a 得到实证结果的有力支持。

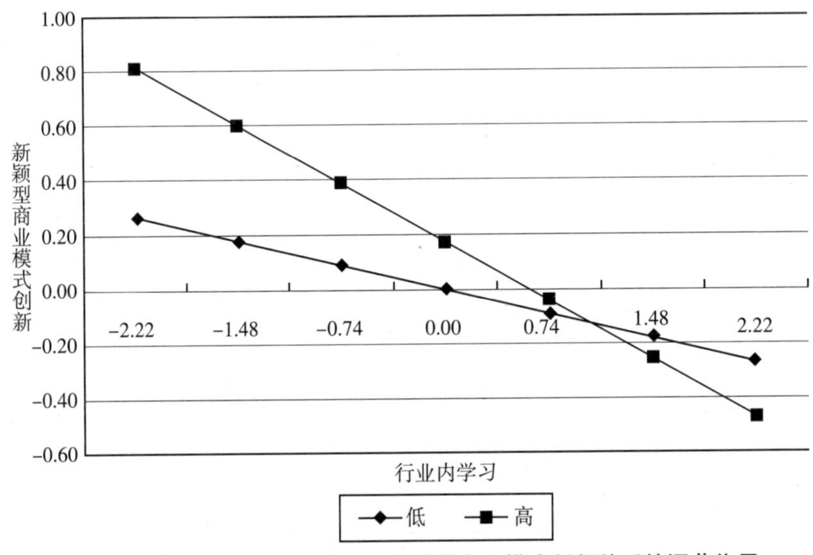

图 5.9 资源重构对行业内学习—新颖型商业模式创新关系的调节作用

模型 7 的回归结果显示，资源重构能力和行业内学习的交互项的回归系数不显著（β = −0.081，p > 0.1），这说明资源重构能力对行业内学习与效率型商业创新之间的关系没有显著的调节作用。为了更好地表示重构能力的调节作用，研究绘制了资源重构能力不同水平下行业内学习与效率型商业模式创新的关系图。如图 5.10 所示，资源重构能力水平提高时，代表行内学习与效率型商业模式创新关系的直线斜率没有明显变化。这说明，资源重构能力没有加强行业内学习对效率型商业模式创新的促进作用。因此，假设 6b 没有得到有力支持。

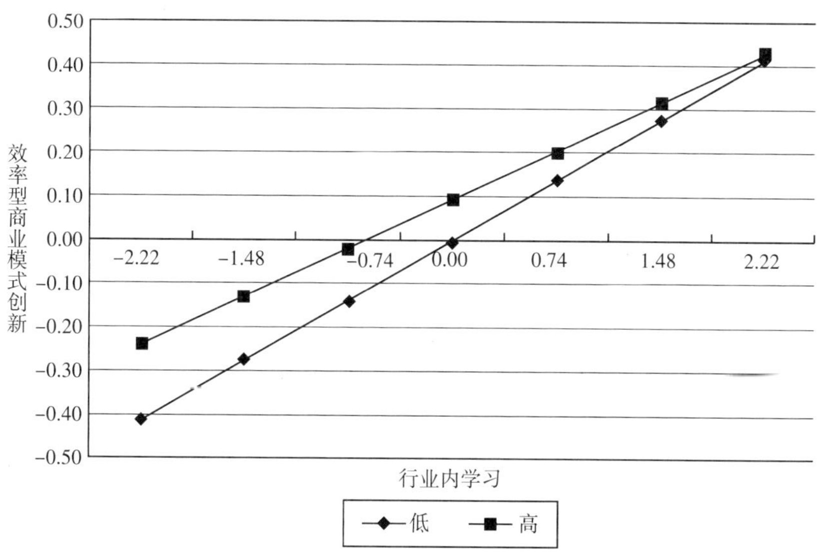

图 5.10　资源重构能力对行业内学习—效率型商业模式创新关系的调节作用

假设 7a 和假设 7b 认为，联盟管理能力会加强行业内学习对两类商业模式创新的影响。即联盟管理能力越强，行业内学习对新颖型商业模式创新的削弱作用越强，而对效率型商业模式创新的促进作用明显。模型 5 和模型 7 检验了假设 7a 和假设 7b。模型 5 的回归结果显示，联盟管理能力和行业内学习的交互项的回归系数显著为负（β = −0.095，p < 0.05），这说明联盟管理能力对行业内学习与新颖型商业模式创新之间的关系有显著的调节作用。为了更好地表示资源重构能力的调节作用，研究绘制了联盟管理能力不同水平下行业内学习与新颖型商业模式创新的关系图。如图 5.11 所示，联盟管理能力水平提高时，代表行业内学习与新颖型商业模式创新

关系的直线斜率明显降低。这说明，联盟管理能力加强了行业内学习对新颖型商业模式创新的削弱作用。因此，假设 7a 得到实证结果的有力支持。

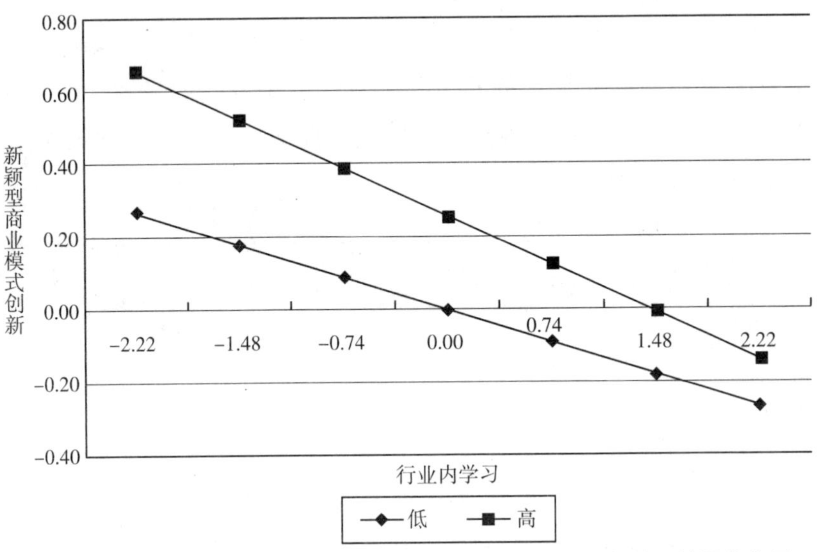

图 5.11 联盟管理能力对行业内学习—新颖型商业模式创新关系的调节作用

模型 7 的回归结果显示，联盟管理能力和行业内学习的交互项的回归系数显著为正（$\beta = 0.146$，$P < 0.01$），这说明联盟管理能力对行业内学习与效率型商业创新之间的关系有显著的调节作用。为了更好地表示联盟管理能力的调节作用，研究绘制了联盟管理能力不同水平下行业内学习与效率型商业模式创新的关系图。如图 5.12 所示，联盟管理能力水平提高时，代表行内学习与效率型商业模式创新关系的直线斜率明显增大。这说明，联盟管理能力加强行业内学习对效率型商业模式创新的促进作用。因此，假设 7b 得到有力支持。

（2）资源重构能力与联盟管理能力对行业外学习效应的调节作用。假设 8a 和假设 8b 认为，资源重构能力会加强行业外学习对两类商业模式创新的影响。即资源重构能力越强，行业外学习对新颖型商业模式创新和效率型商业模式创新的促进作用越强。模型 5 和模型 7 检验了假设 8a 和假设 8b。模型 5 的回归结果显示，资源重构能力和行业外学习的交互项的回归系数显著为正（$\beta = 0.221$，$p < 0.01$），这说明资源重构能力对行业外学

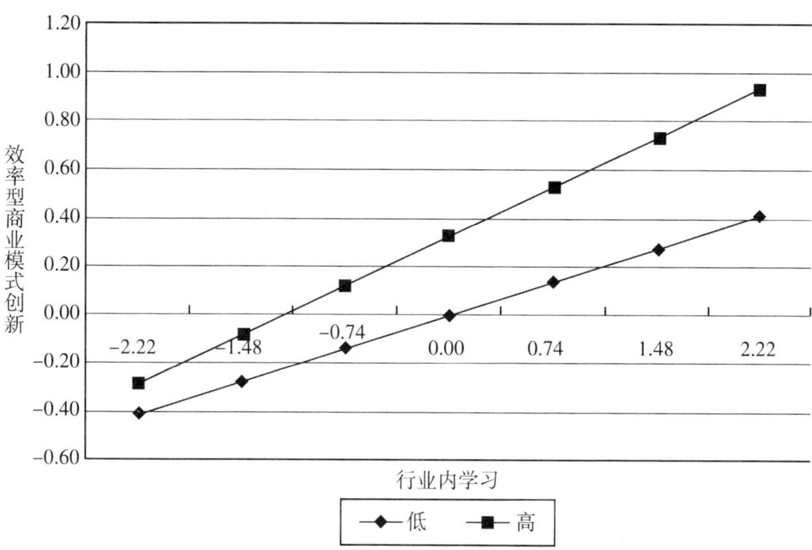

图 5.12 联盟管理能力对行业内学习—效率型商业模式创新关系的调节作用

习与新颖型商业模式创新之间的关系有显著的调节作用。为了更好地表示资源重构能力的调节作用，研究绘制了资源重构能力不同水平下行业外学习与新颖型商业模式创新的关系图。如图 5.13 所示，资源重构能力水平提高时，代表行业内学习与新颖型商业模式创新关系的直线斜率明显增加。

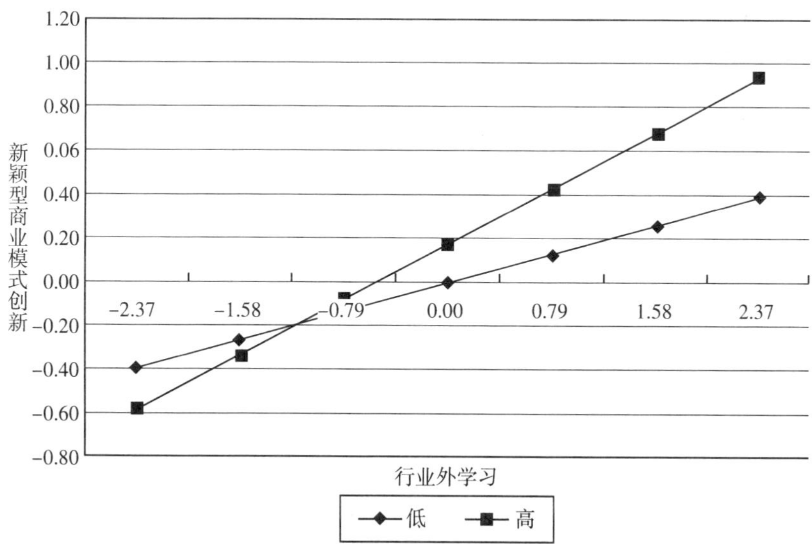

图 5.13 资源重构能力对行业外学习—新颖型商业模式创新关系的调节作用

这说明，资源重构能力加强了行业外学习对新颖型商业模式创新的促进作用。因此，假设 8a 得到实证结果的有力支持。

模型 7 的回归结果显示，资源重构能力和行业外学习的交互项的回归系数显著为正（$\beta = 0.136$，$p < 0.01$），这说明资源重构能力对行业外学习与效率型商业模式创新之间的关系有显著的调节作用。为了更好地表示资源重构能力的调节作用，研究绘制了资源重构能力不同水平下行业外学习与效率型商业模式创新的关系图。如图 5.14 所示，资源重构能力水平提高时，代表行业内学习与效率型商业模式创新关系的直线斜率明显增大。这说明，资源重构能力加强行业外学习对效率型商业模式创新的促进作用。因此，假设 8b 得到有力支持。

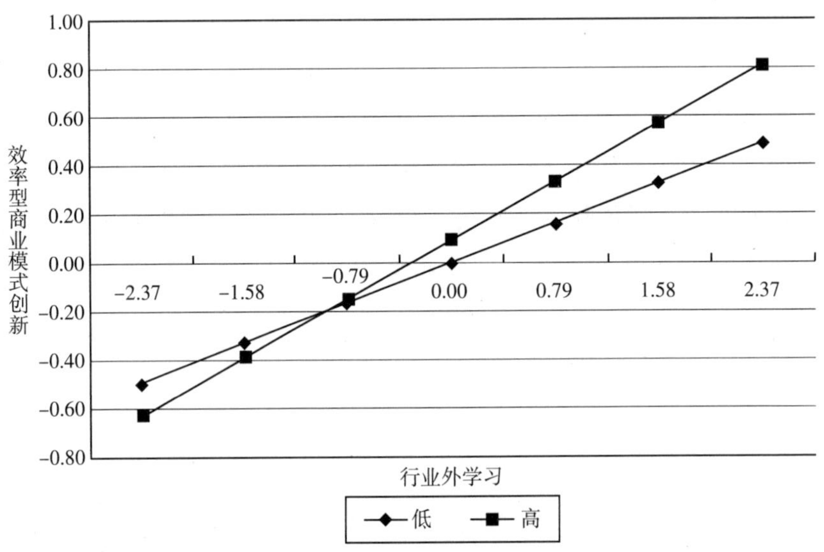

图 5.14 资源重构能力对行业外学习—效率型商业模式创新关系的调节作用

假设 9a 和假设 9b 认为，联盟管理能力会加强行业外学习对两类商业模式创新的影响。联盟管理能力越强，行业外学习对新颖型商业模式创新和效率型商业模式创新的促进作用越强。模型 5 和模型 7 检验了假设 9a 和假设 9b。模型 5 的回归结果显示，联盟管理能力和行业外学习的交互项的回归系数显著为正（$\beta = 0.256$，$p < 0.01$），说明联盟管理能力对行业外学习与新颖型商业创新之间的关系有显著的调节作用。为了更好地表示联

盟管理能力的调节作用，研究绘制了联盟管理能力不同水平下行业外学习与新颖型商业模式创新的关系图。如图 5.15 所示，联盟管理能力水平提高时，代表行业内学习与新颖型商业模式创新关系的直线斜率明显增加。这说明，联盟管理能力加强了行业外学习对新颖型商业模式创新的促进作用。因此，假设 9a 得到实证结果的有力支持。

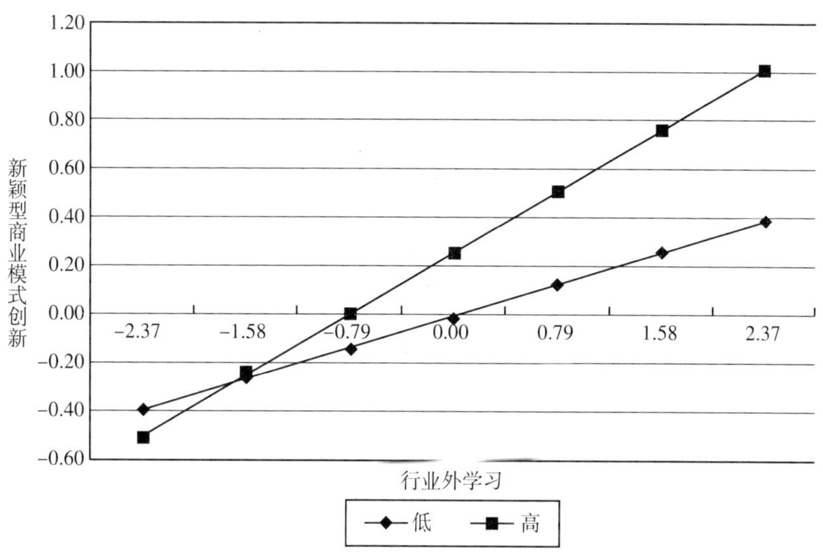

图 5.15　联盟管理能力对行业外学习—新颖型商业模式创新关系的调节作用

模型 7 的回归结果显示，联盟管理能力和行业外学习的交互项的回归系数显著为正（$\beta = 0.174$，$p < 0.01$），这说明联盟管理能力对行业外学习与效率型商业创新之间的关系有显著的调节作用。为了更好地表示联盟管理能力的调节作用，研究绘制了联盟管理能力不同水平下行业外学习与效率型商业模式创新的关系图。如图 5.16 所示，联盟管理能力水平提高时，代表行业内学习与效率型商业模式创新关系的直线斜率明显增大。这说明，联盟管理能力加强行业外学习对效率型商业模式创新的促进作用。因此，假设 9b 得到有力支持。

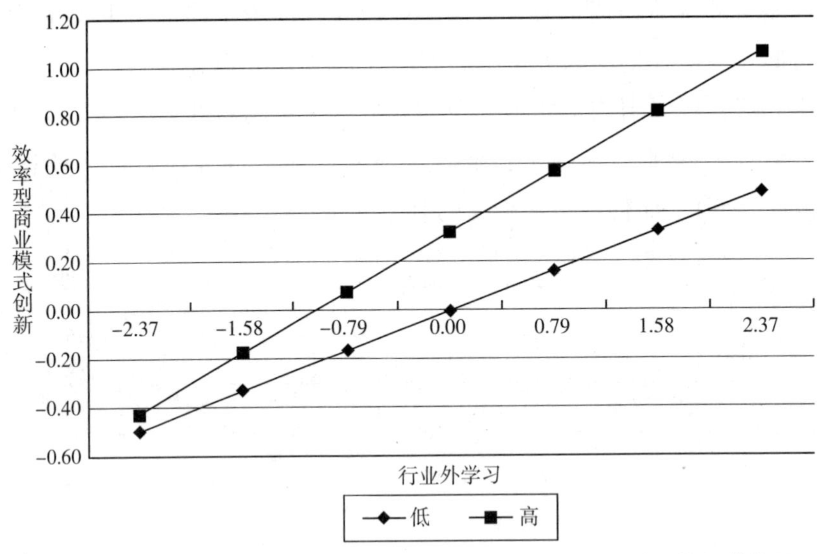

图 5.16 联盟管理能力对行业外学习—效率型商业模式创新关系的调节作用

5.5 小 结

本章节主要介绍了实证分析的过程和结果。首先，研究对各个变量的测量信度和效度进行了检验。检验发现，测量指标具有较好的信度、内容效度、聚敛效度和区别效度。其次，研究还介绍了如何控制普通方法误差。在此基础上，研究进一步对变量进行了初步分析。发现模型中的变量之间存在显著的相关关系，为回归分析提供了较好的基础。最后，研究采用多元回归分析逐步检验了商业模式创新对企业绩效的影响，行业内、外学习对商业模式创新的影响以及竞争环境与动态能力的调节效应。实证结果显示，模型提出的 18 条理论假设中，17 条假设得到支持，1 条假设未获得通过（见表 5.5）。根据检验结果，本书绘制了结果检验图，如图 5.17 所示。

表 5.5 假设检验结果汇总

假设	假设内容	验证结果
假设 1a	新颖型商业模式创新对企业绩效有促进作用	支持
假设 1b	效率型商业模式创新对企业绩效有促进作用	支持
假设 2a	竞争强度削弱新颖型商业模式创新对企业绩效的促进作用	支持
假设 2b	竞争强度加强效率型商业模式创新对企业绩效的促进作用	支持
假设 3a	制度执行失效削弱新颖型商业模式创新对企业绩效的促进作用	支持
假设 3b	制度执行失效削弱效率型商业模式创新对企业绩效的促进作用	支持
假设 4a	行业内学习削弱新颖型商业模式创新	支持
假设 4b	行业内学习促进效率型商业模式创新	支持
假设 5a	行业外学习促进新颖型商业模式创新	支持
假设 5b	行业外学习促进效率型商业模式创新	支持
假设 6a	内部资源重构能力加强行业内学习对新颖型商业模式创新的削弱作用	支持
假设 6b	内部资源重构能力加强行业内学习对效率型商业模式创新的促进作用	不支持
假设 7a	联盟管理能力加强行业内学习对新颖型商业模式创新的削弱作用	支持
假设 7b	联盟管理能力加强行业内学习对效率型商业模式创新的促进作用	支持
假设 8a	内部资源重构能力加强行业外学习对新颖型商业模式创新的促进作用	支持
假设 8b	内部资源重构能力加强行业外学习对效率型商业模式创新的促进作用	支持
假设 9a	联盟管理能力加强行业外学习对新颖型商业模式创新的促进作用	支持
假设 9b	联盟管理能力加强行业外学习对效率型商业模式创新的促进作用	支持

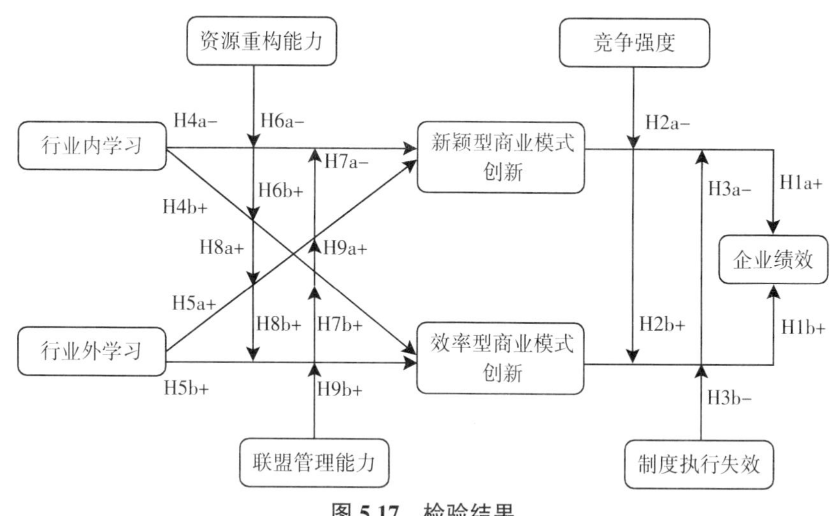

图 5.17 检验结果

6 结果讨论

第 5 章详细介绍了实证研究的结果。实证研究结果充分证明了理论模型的正确性。这些结果不仅具有较好的理论意义，也为商业模式创新的实践活动提供了有力的参考。

6.1 商业模式创新对企业绩效的作用

研究提出商业模式创新成为互联网时代众多企业塑造竞争优势的新途径。以往基于资源的观点和产业组织理论对竞争优势的解释已经随着产业边界的模糊和外部资源可获得性的提高受到严重挑战。在互联网时代，竞争优势的分析单位逐渐从内外部环境匹配、产业链结构以及核心资源向商业模式转移。在互联网环境下，企业需要跳出对核心资源、产品功能和产业位置的执着，打破既定的商业模式，通过塑造新的价值创造的方式来提高竞争优势。长期以来，该观点一直是商业模式创新研究的基础。然而，该观点在实证研究过程中，众多学者发现要证明该观点需要界定商业模式创新，将商业模式创新进行有效的描述。Zott 和 Amit 最早在 2001 年的研究中就提出这些观点并采用了互联网企业的样本进行分析。但是，由于样本局限在互联网企业往往难以外推到其他类型的企业，在 2007 年的研究中两位学者又利用创业企业的样本进行了实证分析，发现新颖型商业模式创新和效率型商业模式创新对企业绩效有显著的促进作用。将该研究结论扩展到一般企业，而非局限于互联网企业。然而，该研究仍然局限于创业企业没有提供更多的关于该观点的一般企业样本的证据。其他关注商业模式创新与企业绩效关系的研究则大多数采用案例研究的方法。由于案例研究本身得出的结论往往受到案例企业特征的限制，得出的研究结论往往外部效度较差。因此，案例研究结果难以为商业模式创新创造价值的观点提供足够的证据。而且，从全球经济环境来看，除了发达市场经济环境外还包括转型经济环境，以往众多学者都曾验证并发现两类市场环境面临的挑战有很大不同。

本书采用中国企业的样本进一步检验了该观点。研究发现新颖型商业模式创新和效率型商业模式创新都对企业绩效有显著影响。新颖型商业模式创新能够帮助企业发现和定义新的价值主张，并根据新的价值主张构建全新的价值创造网络，从而帮助企业提高价值创造能力和价值攫取能力。新颖型商业模式创新帮助企业以效率为主题塑造商业模式的要素构建效率更高的价值创造方式。从而帮助企业通过降低交易成本来创造和获取价值。与以往交易成本理论不同的是，效率型商业模式创新要求企业跳出企业边界，降低整个商业模式的交易成本。实证结果充分支持了研究的论断。该结果进一步将以往观点的检验扩展到了转型经济情境下，扩展到一般企业，不再局限于互联网企业和创业企业。为商业模式创新与企业绩效关系的研究提供了一般性的实证证据。该研究还发现，新颖型商业模式创新比效率型商业模式创新更能够促进企业绩效，扩展了以往研究的观点。

根据本书的结论，在日益互联的市场环境中，企业应投入更多精力关注商业模式的改进和设计。如图 6.1 所示，众多企业沿袭多年来的商业模式，并在既定的商业模式前提下努力通过塑造核心资源（路径 1）以及通过一体化向更有竞争优势的产业链上转移（路径 2）。随着“互联网+”以及物联网技术的普及和应用，资源整合的速度在加快。以往获取竞争优势的途径已经不再局限于核心资源的构建和产业位置的占领上。通过重新设计商业模式，也能够显著地提高绩效（路径 3）。

本书的样本中既有在位企业也有创业企业，从总体来看，无论是以改进为主的效率型商业模式创新还是以新创为主的新颖型商业模式创新都显

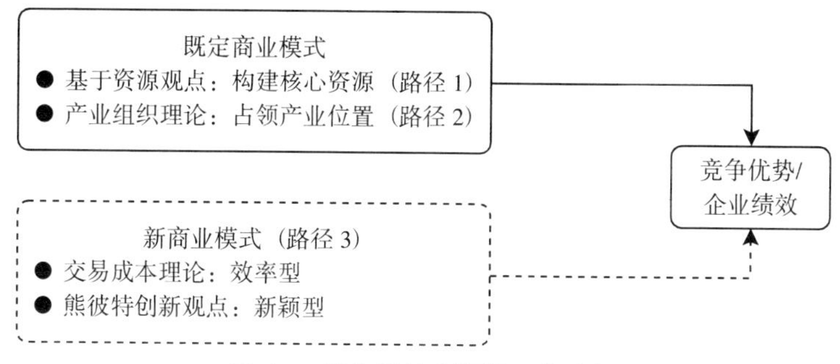

图 6.1 竞争优势获取的三条路径

著地促进了企业绩效。对在位企业而言，本书的结果发现，重新审视和改变原有的价值创造和获取的方式也是塑造竞争优势的重要途径。企业可以重新组合商业模式的要素塑造与同行不同的商业模式来颠覆竞争规则，改变竞争格局来提高自身的竞争优势。例如，发现新的价值主张、设计新的交易内容和交易结构，并采用新的交易治理方式。企业也可以重新组合商业模式要素以实现整个商业模式交易成本的降低。例如，简化交易流程、降低交易差错、提高规模效益的作用等。

对创业企业而言，通过改变既定的商业模式来实现竞争优势成为重要的路径。创业企业与在位企业相比往往难以获取核心资源。在创业初期，企业很难得到较好的人力资源、管理能力、客户关系等核心资源，也很难直接占有很好的产业位置。之所以如此，在于很多既定商业模式需要的资源已经被在位企业占有。在既定的商业模式前提下，无论是争夺核心资源还是争夺产业位置，创业企业都处于明显的劣势。商业模式创新能够重新改进商业模式，甚至颠覆既有的商业模式，从而直接改变既定资源的价值前提，为创业企业赢得竞争开辟了新的道路。例如，京东商城在接触到互联网之后，从线下代理商—柜台的传统销售模式转向线上电子商务模式，使传统的代理权、柜台、店面等核心资源的价值大打折扣，而使原来处于低端的物流配送资源重要性急剧提升。很多与京东类似的传统代理商在互联网的冲击下，逐渐丧失了竞争优势，而京东商城则得到了迅猛发展。这已经不仅是资源的竞争和产业的竞争，而且是商业模式之间的竞争。可以设想，如果不改变商业模式，京东商城如何与国美、苏宁等电器销售龙头竞争？然而，在改变了商业模式之后，国美和苏宁的销售份额被京东迅速抢占，苏宁在强大的竞争压力下与阿里巴巴合作。国美在竞争压力下也频频发动价格战试图收复失地。

商业模式创新主要是改变价值创造和价值获取的活动系统。按照 Zott 和 Amit 的研究，该活动系统主要包括活动内容、活动结构和活动治理三个要素。活动内容方面，企业可以根据市场细分和对潜在需求的挖掘，重新界定价值主张，并按照价值主张重新构思产品组合和创造价值的活动链。例如，雷士照明增加了设计活动帮助购买灯具的客户设计装修方案和更改灯具的设计风格。青年菜君创业过程中通过减少送货活动而让交易成本更低，使商业模式变得更加可行。活动结构方面，企业可以重新组合活动之间的先后顺序和组织方式。例如，亚马逊重新组合了 Kindle、电子书，物流配送与线下货款代收等活动来提高用户的体验。活动治理方式也可以成为改变商业模式的途径，治理方式是降低合作过程中机会主义的重要活动。例如，阿里巴巴采用保证金方式降低商家卖假货的行为，通过信用评级机制实现顾客和商家的相互制约。这些新方式的采用大大削弱了平台的运营风险，让这种平台模式迅速成长。

6.2 竞争环境对商业模式创新与企业绩效关系的调节作用

尽管众多学者都认为商业模式是互联网环境下创造竞争优势的新途径，但当前研究对商业模式创造价值的边界条件仍然存在诸多争议。有些学者认为，商业模式创新对企业绩效有促进作用，而有些研究则提出与技术创新一样，商业模式创新也存在价值攫取风险。Zott 和 Amit 的早期研究就关注了资源环境的影响。他们发现环境包容性越高，新颖型商业模式创新对企业绩效的影响越强；环境包容性越低，效率型商业模式创新对企业绩效的影响越强。另外，还提出商业模式创新还需要与企业的战略相匹配。郭毅夫发现，价值主张模式创新与企业竞争优势的关系不显著。技术波动和市场波动环境下需要不同的商业模式创新。Casadesus-Masanell 和 Zhu 发现，在位企业可能会对新进入者的商业模式产生不同的反应，新进入者决定采用新商业模式时需要充分考虑在位者的反应。Desyllas 和 Sako 研究发现，依赖专利和依赖战略措施保护商业模式利益的途径是互补而不是替代的。开始申请专利保护是作为防御性战略，以为建立互补性资产赢得时间。长期的竞争力取决于创新者是否构建了足够强的互补性资产，是否能够随着市场环境的变化重新整合这些互补性资产。

这些争论需要研究方面进一步厘清商业模式创新需要的外部条件，以往研究关注了市场包容性、技术波动、需求波动以及互补性资源的影响，对市场竞争强度和制度不确定性缺少分析。而中国制度转型为检验商业模式创新的边界条件提供了较好的外部环境。以往研究更多地关注市场环境，因为这些研究难以找到制度环境变化较大的环境来检验假设。而伴随中国基本制度转型，市场竞争程度提高的同时，制度也在演化和检验过程中。因此，本书分析了竞争强度和制度执行失效对商业模式创新与企业绩效关系的调节作用。在中国基本制度转型过程中，制度力量和市场力量同时共存。制度方面，由于制度本身的不完备性、制度执行体系的不完备性，制度执行失效程度较高。市场方面，制度改革释放的市场力量逐渐增强，市场从计划垄断向自由交易逐渐过渡，竞争越来越充分，竞争强度逐渐提高。因此，中国企业有不同于西方的竞争环境。从理论上需要检验制度执行失效和竞争强度对商业模式创新与企业绩效之间关系的作用。然而，对此，以往研究并没有进行针对性的分析。

本书提出竞争强度不同的市场环境下，企业获取商业模式执行过程中所需资源的难度有很大差异，新商业模式遭到对手攻击的风险差异也很大。竞争程度越高，企业获取资源的成本越高，遭到攻击性反应的风险越高。在这种环境下，需要资源多的新颖型商业模式创新与企业绩效之间的关系更弱，而需要资源少的效率型商业模式创新对企业绩效的促进作用更加凸显。数据分析的结果支持了研究假设。更重要的是，由于商业模式创新具有典型的跨边界性，制度执行失效会提高交易主体之间资源交换的成本。无论是需要资源较多的新颖型商业模式创新，还是效率型商业模式创新，都容易遭遇较高的交易成本。因此，在制度执行失效程度高的环境下，同样开展商业模式创新的企业更难从创新中获益。而在制度能够有效执行的环境下，企业能够以更小的交易成本获取足够的互补性资源，自身的商业模式创新也能够得到更充分的保护。实证研究支持了本书提出的观点。

本书发现，竞争强度和制度执行失效对商业模式创新与企业绩效之间的关系有显著的调节作用。该研究发现，从理论上扩展了价值攫取角度的商业模式创新文献。这说明，商业模式创新与企业技术创新一样需要考虑价值攫取问题。企业需要依赖情景特征选择匹配的商业模式创新策略。竞争强度和制度执行失效是描述中国转型情景下市场与制度两个维度的变量。这两个维度都决定了互补性资源获取的难度和成本，决定了利益分割过程中的交易成本。研究为商业模式创新价值创造的观点提供了更有利的实证证据，更将以往的观点扩展到转型情境下。采用转型情境下的对竞争强度和制度执行失效的分析，弥补了以往边界条件研究对制度条件缺乏分析的缺陷。

根据本书的发现，企业在设计新商业模式时需要充分考虑外部竞争环境的特点。对中国和具有类似中国市场环境的企业而言，新商业模式的设计必须考虑竞争强度和制度执行环境。在竞争强度较高的环境中（例如，竞争者数量较多、市场容量和成长性不大，产品和服务标准化和同质化程度较高的市场上），企业选择效率型商业模式创新更容易成功。因为，这种效率型商业模式创新能够提高企业在既定行业的效率优势，需要的新资源更少而且更容易执行。如果企业选择开展新颖型商业模式创新，则需要事先寻找到好的资源获取渠道，并为竞争对手的攻击行为做好充分的准备。

研究结果显示，在制度执行失效的环境中，商业模式创新对企业绩效的促进作用会下降。在制度执行效果比较差的环境中，不论效率型商业模式还是新颖型商业模式创新，都会遇到交易成本高的挑战。由于制度作为降低整个市场交易成本的基础设施不能发挥作用，这些成本会被强加给各个交易主体。因此，企业必须找到更好的途径以降低重新整合商业模式要素时的交易成本和交易风险。而在制度执行效果比较差的行业中，由于违约成本过低，企业间合作风险更大。在这样的环境中开展商业模式创新，更应该关注效率型商业模式创新。企业以现有商业模式改进为基础，信息不对称更小，需要的全新资源较少，更容易降低交易成本以提高商业模式创新收益。在这样的环境下，企业需要更加慎重地开展新颖型商业模式创新，由于需要的互补性资源更难获得，新的合作伙伴更容易产生难以控制的机会主义，新颖型商业模式创新的收益更难获得。如图 6.2 所示，按照竞争强度和制度执行失效程度的高低，企业应在效率型商业模式创新和新颖型商业模式创新中做出恰当的选择。

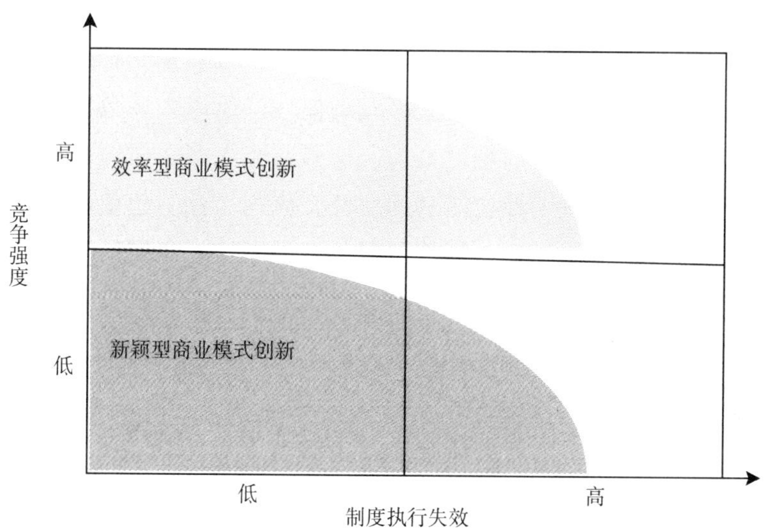

图 6.2　根据竞争环境特征选择商业模式创新策略

在竞争强度低的区域内，企业更适合开展新颖型商业模式创新，尤其是当制度执行效度较高时。当制度执行失效程度提高时，新颖型商业模式创新的可行性随之下降。在竞争强度较高的区域内，企业更适合开展效率型商业模式创新。当制度执行失效程度提高时，效率型商业模式创新的可行性随之下降。

6.3 外部学习对商业模式创新的作用

目前，众多学者已经开始关注如何推动商业模式创新。这些研究关注两类企业的商业模式创新，一类是新创的技术型企业，另一类是在位的成熟企业。新技术企业的研究更多的是将商业模式创新看作技术商业化的组织形式，更多地采用演化视角分析技术和商业模式要素设计的共同演进。核心观点认为，新商业模式的建立是以试错学习为中心的演化过程，不是一蹴而就的设计过程。对在位企业的研究发现，成熟企业要想开展商业模式创新最大的挑战是打破既定商业模式的惯性。所以大多数研究都认为成熟企业开展商业模式创新的难度更大。这些研究大多在惯性观点基础上分析如何打破惯性。这些惯性包括资源惯性、流程惯性、价值观惯性等。研究更多地通过分析案例发现，外部学习、资源柔性、高管的反思都有利于打破惯性而推动商业模式创新。接触新知识和新资源是打破惯性的有效途径。然而，这些研究更多地采用案例分析，对学习方式的类型和作用机制缺乏深入了解。

另外，尽管在技术创新的研究中很多学者都对外部学习的影响有较好认识，但对商业模式创新需要的外部学习方式却仍未见到研究论文。技术创新往往局限于产品和技术，而商业模式创新的范围不仅超越了产品和技术，还超越了企业的边界，打破了行业沿袭多年的商业逻辑。因此，适用于技术创新的结论不一定能够适用于商业模式创新。技术创新的研究更多地关注了技术知识的学习，关注知识转移、知识获取、联盟合作等形式，对外部学习的描述也着重从学习内容、知识获取能力、知识获取数量和质量、外部获取知识的深度和宽度等角度进行刻画。

商业模式创新研究更需要关注学习的范围或者距离。由于商业模式创新更多地关注价值创造和价值获取的方式，作为价值链条上的企业而言，需要跳出既定的价值创造方式带来的惯性。由于同一个行业的企业在价值创造方式方面存在相似性，探索新的价值创造方式需要将视野扩展到其他行业。例如，在早期互联网行业发展过程中，很多商业模式最终流产是由于局限于互联网本身而未能将互联网与其他行业结合。京东商城新商业模式诞生则归功于跳出传统的代理商渠道而面向互联网的学习。因此，本书将外部学习按照学习距离区分为行业内学习与行业外学习。分析了两类学习对商业模式创新的影响关系。研究发现，行业内学习更多关注现有的商业逻辑，会引导企业努力通过重新组合商业模式的要素来实现效率的提升。行业内的合作伙伴，包括顾客、供应商和同行往往都是围绕现有商业模式组织起来的。与供应商、顾客、同行的学习能够带来新的资源、技术、信息，但这些资源往往都与现有的产品和商业模式相关。这些学习活动能够帮助企业发现现有商业模式运行过程中的交易差错，帮助合作伙伴之间交易信息的共享、交易流程和交易界面的改进，帮助企业提高商业模式的效率。然而，行业内学习帮助企业打破既定商业模式的可能性较小。由于这种学习活动的局限性，行业内学习会带来更强的商业模式惯性，限制企业设计新颖性较强的商业模式。实证数据也证明了研究的观点，结果发现，行业内学习与效率型商业模式创新正相关而与新颖型商业模式创新负相关。

与行业内学习不同的是，行业外学习能够帮助企业跳出既定商业模式的限制，帮助企业构思全新的商业模式并提供全新商业模式所需要的资源。商业模式的最新研究都提出，商业模式的实质是围绕价值主题的行动系统，其实质是整个行业沿袭多年的商业套路。塑造全新的商业模式不仅需要获取全新的资源、建立新流程，更重要的是跳出既定商业框架。而跨越行业的学习能够让企业看到全新的商业框架。例如，诺基亚、三星、华为等手机业务的发展，更多地采用整个行业多年积累下来的商业模式，通过研发、生产、销售的价值创造模式完成整个商业活动，通过战略定位和核心资源的构建获取竞争优势。然而，苹果公司和小米手机却围绕手机构建了全新的商业模式，试图让手机成为互联网时代的媒介而通过与游戏开发商、内容提供商、版权提供商、政府、银行、支付平台等众多合作来重新塑造价值创造的模式。通过行业外学习帮助企业构建全新的商业模式。

实证研究发现，行业外学习对效率型商业模式创新和新颖型商业模式创新都有促进作用。

本书得出的结论发现，行业外学习与行业内学习对两类商业模式创新有不同影响。这扩展了以往对外部学习作用的认识。首先，本书将外部学习与创新关系的研究从技术创新扩展到商业模式创新。以往研究更多地关注外部学习是如何影响技术创新的，而对外部学习如何影响商业模式创新缺乏分析。本书发现两类外部学习对商业模式创新有显著影响。其次，本书扩展了商业模式创新前因变量的研究。目前，更多的学者关注商业模式创新的实质以及商业模式创新对企业绩效的影响。而对哪些要素是推动或者抑制商业模式创新的关键要素缺乏深入分析。尽管以往研究都认为惯性是阻碍商业模式创新的最大障碍，也指出了外部学习的潜在影响，但这些研究并没有能够明确地识别对商业模式创新有显著影响的学习类型，更没有明确验证不同类型的学习对商业模式创新的影响关系。而本书的结论恰恰弥补了这一缺陷。

本书发现，企业需要投入更多的精力在外部学习上以推动商业模式创新。为了更好地开展商业模式创新，企业需要根据商业模式创新的目的选择恰当的外部学习方式。对试图通过全新的商业模式来提高效率的企业而言，企业开展行业内学习与行业外学习都会有显著的效果。但值得注意的是，行业外学习比行业内学习更能够帮助企业提高商业模式的效率。尽管向顾客、供应商、同行等行业内主体学习能够帮助企业改进现有商业模式的交易流程、改善界面标准、降低交易差错、提高信息共享水平、降低信息不对称等，但对商业模式总体效率的改进可能更加依赖于替换全新的商业模式要素。因此，为了更大幅度地设计更具效率的商业模式，企业应该投入更多精力以提高行业外学习水平。对试图构建新颖的商业模式来创造价值的企业而言，首先应避免行业内学习带来的惯性。研究发现，行业内学习的水平越高，新颖型商业模式创新越低，企业应该避免走入行业内学习带来的陷阱，避免执着于熟悉的行业内学习带来的价值惯性。应该更加关注向高校、科研机构、政府、其他行业的顾客和各种媒体的学习，通过了解圈外的知识、信息和商业逻辑来帮助企业构思全新的商业模式，通过新颖的商业模式与同行区别开，从而塑造新的竞争优势。例如，通过参与政府的公共平台，与学校开展各种活动，参加各类博览会的活动，等等。

6.4 动态能力对外部学习商业模式创新关系的调节作用

针对商业模式创新的能力体系，以往研究更多地作为前因变量。然而，能力体系本身解决不了动力问题，商业模式创新的关键不是缺少资源。正如 Christensen 的研究指出，商业模式创新的关键是突破既定商业逻辑。正如，华为手机采用的是传统模式，作为能力很强的企业并没有采用像小米一样的新的商业模式。具备强大能力的中国邮政也未能在与顺丰的竞争中采用全新的商业模式。与这些观点不同的是，更多学者将商业模式创新的过程看作学习试错的过程，外部学习是发现新的商业逻辑，驱动商业模式创新的关键要素，而能力体系只是让这个学习试错的过程更加顺畅。因此，研究整合了以往能力和学习观点，分析了外部学习与动态能力对商业模式创新的共同作用。

对动态能力进行适当的分类一直是研究中的难点，Georg Schreyo 和 Martina Kliesch-eberl（2007）提出，能力的划分需要针对要解决的问题。针对商业模式创新过程中的能力体系而言，商业模式创新过程包含新商业模式设计过程和新商业模式的执行过程。商业逻辑和资源基础是商业模式创新的正反两面。因此，构想和执行新的商业逻辑体系的同时也是资源进行重新构建的过程。更重要的是，由于商业模式具有典型的网络性，不仅需要重构内部资源，也需要根据创新需要管理联盟合作关系。因此，本书将动态能力区分为内部资源重构能力和联盟管理能力，并在此基础上分析了两种能力对外部学习效果的调节作用。

本书认为，两类能力作为外部学习效果实现的保障要素，其作用因外部学习特征而定。对行业内学习而言，由于行业内学习更多地是接触与企业具有类似竞争环境的企业，往往引导企业更加关注现有商业模式的改进而不是设计新颖型较强的商业模式。更重要的是，行业内学习带来的资源往往与现有企业更加相似，带来更强的资源惯性。因此，行业内学习会引导企业更多地开展效率型商业模式创新而不是新颖型商业模式创新。研究发现，不论是内部资源重构能力，还是联盟管理能力，都加强了行业内学习对新颖型商业模式创新的抑制作用。也就是说，内部资源重构能力和联盟管理能力强的企业更容易出现行业内学习带来的商业模式惯性。例如，在商业网络中，中心企业往往具备更强的内部资源重构能力和联盟管理能力，如果中心企业更多地开展行业内学习，往往还是局限在既定的商业系统中，这些企业更加关注借助现在较好的内部资源重构能力和联盟管理能力来提高整个商业模式的效率而放弃更大幅度的商业模式调整。联盟管理能力会显著加强行业内学习对效率型商业模式创新的促进作用。

然而，内部重构能力并没有显著加强行业内学习对效率型商业模式创新的促进作用。假设 6b 并没有得到支持，这可能是由依赖行业内学习推动效率型商业模式创新的模式本身的特点决定的。由行业内学习驱动的效率型商业模式创新，其创新内容主要围绕现有的交易结构进行有限的改进，由于交易价值和交易结构的渐进性改变，对内部资源进行彻底重构的需要可能并不明显。与此相比，尽管都是行业内学习驱动的效率型商业模式创新，但外部联盟管理能力比内部资源重构能力作用更强。究其原因在于，商业模式本身的开放性决定了商业模式创新对外部交易结构的改变更加依赖。这种对外部合作的依赖决定了联盟管理能力的作用可能本身就比内部资源重构能力的作用更明显。

研究发现，内部重构能力和联盟管理能力会加强行业外学习对商业模式创新的促进作用。两类能力不仅会促进行业外学习对效率型商业模式的促进作用，也会加强对新颖型商业模式创新的促进作用。研究认为，借助行业外学习，企业发现的商业模式创新的机会需要的内外部资源与现有资源差异较大。更加需要企业对内部资源和外部资源进行重新优化。如果具备较高的资源重构能力和联盟管理能力，企业就能充分利用行业外学习带来的商业模式创新机会。

本书扩展以往从动态能力视角对商业模式创新的研究。以往很多研究都认为商业模式创新需要动态能力，需要打破现有资源和流程带来的惯性。本书也注意到，学习在打破惯性、推动商业模式创新过程中的作用，但以往研究很多都局限于案例研究，更缺乏严格的论证。本书整合了学习视角和动态能力视角的研究，针对商业模式创新的特点将动态能力区分为内部资源重构能力和联盟管理能力，并分析了两类能力如何调节外部学习对商业模式创新的影响。动态能力是商业模式创新的重要视角，以往研究都指出商业模式创新需要动态能力。然而，对动态能力本身如何影响商业模式创新缺乏深入分析。本书认为，商业模式创新尽管需要动态能力，但动态能力却不应该是前因变量。有动态能力的企业并不一定能够带来商业模式创新，而企业通过外部学习识别到商业模式创新机会之后，帮助企业协调资源的重要变量。因此，本书认为，动态能力是调节变量。

根据本书得出的结论，企业在利用外部学习推动商业模式创新时，需要注意构建适度的动态能力。对开展行业内学习多的企业而言，如果开展效率型商业模式创新，需要构建内部资源重构能力和联盟管理能力以加快效率型商业模式创新。同时，对试图设计新颖程度高的商业模式的企业而言，需要审查自身是否由于内部资源重构能力和联盟管理能力较强而被引导开展了更多的效率型商业模式创新。例如，网络中心企业需要警惕动态能力过强带来的陷阱。对开展行业外学习较多的企业而言，企业需要提高内部资源重构能力和联盟管理能力以降低商业模式创新的风险。

7 结论及展望

伴随新一代信息技术的发展带来的跨产业链的价值活动重组，企业竞争优势的来源已经从产业位置、内部资源向商业模式转移。通过全新的商业模式，企业能够塑造价值创造和价值获取的全新系统提高竞争优势。尽管众多企业已经认识到商业模式的价值，然而中国企业的商业模式创新仍然存在许多困难。首先，面对激烈的竞争和不确定的制度环境，中国企业未能针对竞争环境特征找到适合的商业模式创新路径。其次，众多企业仍然局限于模仿，对如何利用开放的学习环境推动商业模式创新缺乏经验。最后，由于中国企业长期执着于资源竞争，商业模式创新需要的动态能力不足。因此，这些问题需要从理论上对适合不同环境特点的商业模式创新进行分析，识别能够帮助企业推动商业模式创新的学习方式，明确商业模式创新需要的动态能力类型以及不同类型的动态能力的作用规律。

遗憾的是，以往研究对这些问题仍然缺乏深入的研究。首先，以往研究对商业模式创新与企业绩效的关系仍然存在不同的观点，对商业模式创新创造价值的边界条件仍然缺乏深入分析，尤其是没有针对中国企业的环境特征识别需要的环境条件。其次，未能识别推动商业模式创新的外部学习方式。再次，对动态能力影响商业模式创新的方式仍缺乏深入分析。最后，未能分析外部学习方式与动态能力对商业模式创新的共同作用。

针对以往研究的不足和中国企业商业模式创新方面存在的不足，本书分析了效率型商业模式创新和新颖型商业模式创新在竞争强度和制度执行失效条件下对企业绩效的影响；研究了行业外学习与行业内学习对两类商业模式创新的影响方式；在识别内部资源重构能力和联盟管理能力的基础上，分析了两类动态能力对外部学习与商业模式创新的调节作用。在理论分析基础上提出了 18 条假设，并采用 238 个企业的样本对模型进行实证分析，分析结果有力地支持了本书提出的理论模型。

7.1 研究结论

研究在组织学习理论、动态能力理论以及制度理论基础上分析了外部学习方式、动态能力、商业模式创新和竞争环境的作用关系，试图探索商业模式创新创造价值的环境条件，推动商业模式创新的外部学习方式与动态能力。通过理论分析和大样本检验，研究得出以下结论。

7.1.1 效率型商业模式创新与新颖型商业模式创新都有利于提高企业绩效

沿用了以往研究最普遍的分类，将商业模式创新区分为效率型和新颖型。研究发现效率型商业模式创新能够通过对整个价值创造系统的重新设计来提高全模式的效率，从而提高企业绩效；新颖型商业模式创新能够设计与竞争对手不同的价值创造方式和攫取方式，通过创造熊彼特租金来提高企业绩效。本书还发现，新颖型商业模式创新比效率型商业模式创新更能促进企业绩效。因此，中国企业需要开展两类商业模式创新，尤其是以新颖型商业模式创新来提高企业绩效。

7.1.2 制度执行失效和竞争强度对商业模式创新的效应有不同的调节作用

研究发现，两类商业模式创新创造价值需要的环境条件有明显差异。在竞争强度高的情况下，效率型商业模式创新对企业绩效更强，而新颖型商业模式创新对企业绩效的促进作用会降低。本书还发现，制度执行失效的情况下，效率型商业模式创新和新颖型商业模式创新对企业绩效的促进作用显著下降。因此，企业在选择商业模式创新类型时需要考虑环境条件的限制或准备应对环境条件带来的挑战。

7.1.3 效率型商业模式创新和新颖型商业模式创新需要不同类型的学习方式

本书将外部学习区分为行业内学习与行业外学习，发现两类学习对效率型商业模式创新与新颖型商业模式创新的影响方式有很大差异。说明新颖型商业模式创新和效率型商业模式创新需要的外部学习方式有很大差异。本书发现，行业内学习会促进效率型商业模式创新而抑制新颖型商业模式创新。然而，行业外学习对效率型商业模式创新和新颖型商业模式创新都有显著的促进作用。本书还发现，行业外学习比行业内学习对效率型商业模式创新的促进作用更强。因此，企业在商业模式创新过程中，应根据创新目的开展适合的外部学习。根据研究结论，企业应更多地开展行业外学习来推动商业模式创新，而避免更多的行业内学习带来的商业模式惯性。

7.1.4 内部资源重构能力和联盟管理能力对行业内学习和行业外学习与商业模式创新的关系有不同的调节作用

研究发现，内部资源重构能力和联盟管理能力是商业模式创新过程中起到重要作用的两类动态能力。内部资源重构能力和联盟管理能力都加强了行业内学习对新颖型商业模式创新的抑制作用，而联盟管理能力则加强了行业内学习对效率型商业模式创新的促进作用。内部资源重构能力和联盟管理能力都加强了行业外学习对新颖型商业模式创新的促进作用和对效率型商业模式创新的促进作用。本书发现，内部重构能力和联盟管理能力，作为两类重要的动态能力，其在商业模式创新过程中的作用会随着学习方式的不同而发生变化。对行业内学习开展较多的企业，两类动态能力会加强行业内学习带来的惯性；而对行业外学习开展较多的企业，两类动态能力会加强行业外学习对商业模式创新的促进作用。开展商业模式创新的企业应该根据学习方式的需要来构建匹配的动态能力。

7.2 研究的创新点

7.2.1 识别了新颖型商业模式创新和效率型商业模式创新创造价值的环境条件，分析了竞争强度与制度执行失效的调节作用

尽管众多研究都指出，在高度互联的市场环境下，重新塑造商业模式成为企业竞争优势的重要来源，然而目前对商业模式创新与企业绩效的关系仍然存在争论。以往价值创造视角的研究认为，商业模式创新对企业绩效有积极影响，然而，收益获取视角的商业模式创新研究却认为，创造价值并不能保证企业能够获取绩效，商业模式创新必须与环境要素、组织战略相匹配。不同的商业模式创新的适用环境并不相同。以往研究分析了资源包容性、企业战略类型的影响。这些研究并未同时分析制度不确定和市场不确定环境的调节作用，对适应转型环境特征的商业模式创新类型缺乏针对性的研究。本书针对中国转型环境特征，同时分析了竞争强度和制度执行失效对新颖型及效率型商业模式创新与企业绩效之间关系的调节作用。分析发现，在竞争强度和制度执行失效的不同环境条件下，两类商业模式创新对企业绩效的促进作用会产生显著变化。本书识别了竞争强度和制度执行失效作为商业模式创新创造价值的环境条件，扩展了以往价值攫取方面的商业模式创新研究，弥补了以往研究中缺乏针对中国环境的商业模式创新研究的不足。

7.2.2 识别并分析了行业内学习与行业外学习对商业模式创新的作用方式

尽管当前研究都认为商业模式创新的过程是企业学习的过程，但这些研究不仅视角分散，而且缺乏足够的理论支撑。尽管以往研究认为商业模式创新是试错学习、向市场学习和高管再认识的过程，并且这些研究大多

是采用案例描述了商业模式创新的过程，但仍然没有明确识别能够推动商业模式创新的学习方式，对于具体哪种学习方式对商业模式创新有显著影响以及其他的影响方式缺乏分析。尽管众多研究都发现外部学习是影响创新的重要变量，但这些研究仍然局限于技术创新而对商业模式创新关注极少。由于技术创新与商业模式创新在创新的内容和需要的资源方面有显著差异，以往针对技术创新的研究结论难以直接移植到商业模式创新上。本书在组织学习理论基础上，针对学习开放性特征和学习来源将学习活动区分为行业内学习和行业外学习，并分析了两类学习对商业模式创新的不同作用。研究提出假设并进行了实证检验，研究发现，行业内学习会促进效率型商业模式创新而抑制新颖型商业模式创新。然而，行业外学习对效率型商业模式创新和新颖型商业模式创新都有显著的促进作用。研究还发现，行业外学习比行业内学习对效率型商业模式创新的促进作用更强。因此，与以往同类研究不同的是，本书明确识别出了与商业模式创新匹配的学习方式，并将外部学习与创新关系的研究从技术创新扩展到商业模式创新。

7.2.3 识别了商业模式创新中重要的动态能力类型，并分析了动态能力与外部学习对商业模式创新的共同作用

以往研究提出商业模式创新也需要动态能力的支持，众多学者借用该理论分析不同形式的动态能力（例如，战略柔性、组织学习等）对商业模式创新的影响。然而，这些研究大多依赖案例研究开展分析，对动态能力的界定也并不是针对商业模式创新，对动态能力是否真正能够促进商业模式创新以及如何促进商业模式创新仍然缺乏深入分析。更重要的是，商业模式创新作为企业适应环境变化的过程，不仅涉及组织搜寻机会的学习过程，还涉及对现有资源基础的重构过程。目前的研究，要么关注了能力对商业模式创新的影响，要么只是关注了学习在商业模式创新过程中起的作用，未能通过整合两个脉络的研究来更加全面地分析组织学习与动态能力对商业模式创新过程中的共同作用。本书整合了动态能力理论和组织学习理论，在界定内部资源重构能力和联盟管理能力的基础上，分析了两类动态能力对行业内学习、行业外学习与商业模式创新之间关系的调节作用。

分析发现，两类动态能力是影响外部学习效果的显著调节变量。对行业内学习开展较多的企业，两类动态能力会加强行业内学习带来的惯性，而对行业外学习开展较多的企业，两类动态能力会加强行业外学习对商业模式创新的促进作用。本书通过整合动态能力理论和组织学习理论厘清了两类变量对商业模式创新的共同影响，弥补了以往对动态能力分类不清、作用方式不明确的缺陷。

7.3 研究不足及展望

首先，研究对商业模式创新的分类局限于新颖型和效率型。目前，由于对商业模式创新类型的区分尚未统一，而且分类本身也不属于该研究的重要目标，因此本书主要沿用了最广泛且影响最大的分类方法，将商业模式创新区分为新颖型和效率型。然而，商业模式创新也可以有其他类型，比如锁定型和互补型等。商业模式创新的分类标准除了价值主张之外还可以根据结构形式、创新目的、创新程度、构建路径等多个方面进行区分。未来的研究中，需要进一步采用其他分类探索不同类型的商业模式创新的要素和适用环境。

其次，本书仅关注了外部学习，未能对组织内部学习对商业模式创新的作用展开分析。对组织学习而言，既包括从外部的主体学习也包括组织内部的学习，例如部门之间的沟通和知识转移，知识整合和吸收流程等。对商业模式创新而言，由于其跨企业边界的特征更加明显，本书更多地关注了外部学习对商业模式创新的影响。从理论上将商业模式创新过程看作外生过程。熊彼特创新理论提出，创新也可能是内生增长的重要动力，商业模式创新也有内生的可能。例如，企业家的反思式学习可能引导企业重新设计商业模式。或者内生过程和外生过程可能出现重叠或交互作用，内部反思式学习与外部学习共同促进商业模式创新。在今后的研究中，需要从内生角度加强对组织内学习与商业模式创新的研究。

附　录

公司能力、外部学习与商业模式创新调查问卷

尊敬的公司领导，您好！

我们是西安理工大学经济与管理学院商业创新管理课题组。本次调研旨在了解公司制度环境、市场环境、能力体系、学习方式、商业模式创新及企业绩效等相关信息。

保密声明：本次调研信息将仅为研究之用，将信息进行整体分析，不针对个别公司。我们郑重承诺对本问卷所涉及的公司信息严格保密。

填写方法：除个别问题外，大部分问题只需要您根据公司的实际情况在对应条目后面的选项或数字上打“√”即可。

衷心感谢贵公司的帮助！

西安理工大学管理学院蔡俊亚博士

<table>
<tr><td colspan="2">01：公司名称：</td><td>02 地址：</td></tr>
<tr><td colspan="2">03：主营业务或产品：</td><td>04 电话：</td></tr>
<tr><td rowspan="5">被访问人信息</td><td colspan="2">05 您已在本公司工作：____年；是否是公司的创立者之一：①是；②否</td></tr>
<tr><td colspan="2">06 公司的创业者是否是技术出身：①是；②否</td></tr>
<tr><td colspan="2">07 职务：①董事长或总经理；②副总；③总工或总监等高管；④中层管理者</td></tr>
<tr><td colspan="2">08 年龄：①21~30 岁；②31~40 岁；③41~50 岁；④51~60 岁；⑤60 岁以上</td></tr>
<tr><td colspan="2">09 文化程度：①大专及以下；②本科；③硕士；④博士</td></tr>
</table>

一、公司基本情况

101. 公司创建于______年，现有员工______人

102. 公司在行业中属于：①小公司；②中等公司；③大公司；④特大型公司

103. 公司的总资产为：______万元；公司是否是高新技术公司：①是；②否

104. 公司类型：①国有或国有控股；②民营或个体；③外商合资；④集体公司

105. 公司所在行业处于：①起步阶段；②成长阶段；③成熟稳定阶段；④衰退阶段

106. 请您对过去3年来公司在以下几个方面的业绩进行评价。

请按照实际情况，从1到5进行评价，1=很低；2=低；3=中等；4=高；5=很高（下同）。

(1) 资产回报率	1 2 3 4 5	(5) 销售额的增长	1 2 3 4 5
(2) 销售回报率	1 2 3 4 5	(6) 市场份额的增长	1 2 3 4 5
(3) 投资回报率	1 2 3 4 5	(7) 利润的增长	1 2 3 4 5
(4) 平均利润率	1 2 3 4 5	(8) 品牌价值	1 2 3 4 5

二、公司经营环境、能力及外部学习情况

请从1~5判断以下陈述与公司外部环境的符合程度：

201 市场环境	
(1) 公司面临的市场竞争很激烈	1 2 3 4 5
(2) 市场上有太多与我们相类似的产品	1 2 3 4 5
(3) 市场中经常发生价格战	1 2 3 4 5
(4) 市场上新的促销手段层出不穷	1 2 3 4 5
(5) 竞争对手经常试图抢夺我们的客户	1 2 3 4 5
202 制度环境	
(1) 很多政策的执行缺乏有效的监管	1 2 3 4 5
(2) 知识产权制度的执行非常脆弱	1 2 3 4 5

续表

(3) 现有制度法规的执行难以有效保护公司的商业利益	1 2 3 4 5
(4) 相关制度的执行阶段有待加强	1 2 3 4 5
(5) 行业标准的执行缺乏监管	1 2 3 4 5

请从 1~5 判断公司从以下获取商业模式创新所需知识和信息的程度：
1 = 从来没有；2 = 很少；3 = 一般；4 = 较多；5 = 非常多

(1) 终端顾客	1 2 3 4 5
(2) 供应商	1 2 3 4 5
(3) 分销商	1 2 3 4 5
(4) 同行	1 2 3 4 5
(5) 政府部门	1 2 3 4 5
(6) 大学	1 2 3 4 5
(7) 科研机构	1 2 3 4 5
(8) 媒体（网络、报纸杂志、电视等）	1 2 3 4 5
(9) 其他行业的顾客	1 2 3 4 5
(10) 各种会议	1 2 3 4 5

请从 1~5 判断公司以下能力水平：

(1) 善于将自身优势与合作者的优势资源进行匹配	1 2 3 4 5
(2) 善于使合作者的资源优势得到充分发挥	1 2 3 4 5
(3) 善于使自己的优势得到充分发挥	1 2 3 4 5
(4) 善于根据环境变化对各方资源重新优化	1 2 3 4 5
(5) 善于根据合作需要优化整个合作网络的资源配置	1 2 3 4 5
(6) 能够针对不同产品重新配置资源用途	1 2 3 4 5
(7) 善于对产品的资源链条进行重新构建	1 2 3 4 5
(8) 能够有效地改变内部组织流程	1 2 3 4 5
(9) 能够有效地创造新的资源组合	1 2 3 4 5

三、商业模式创新情况

301. 过去的3年，我们从以下方面改进商业模式					
(1) 降低了交易成本	1	2	3	4	5
(2) 简化了交易流程	1	2	3	4	5
(3) 降低了交易差错	1	2	3	4	5
(4) 降低了营销、交易费用及沟通成本	1	2	3	4	5
(5) 使交易信息更透明	1	2	3	4	5
(6) 降低了交易过程中的信息不对称	1	2	3	4	5
(7) 有利于所有合作伙伴之间共享信息	1	2	3	4	5
(8) 有利于聚集分散的需求	1	2	3	4	5
(9) 加快了交易速度	1	2	3	4	5
(10) 大大提高了交易效率	1	2	3	4	5
302. 过去的3年，我们从以下方面改进商业模式					
(1) 引入了新的合作者	1	2	3	4	5
(2) 代表了产品、服务和信息的新组合	1	2	3	4	5
(3) 采用了新的方式激励合作伙伴	1	2	3	4	5
(4) 引入了大量的、全新的、多样化合作伙伴	1	2	3	4	5
(5) 用新方式将各种参与者紧密联系起来	1	2	3	4	5
(6) 采用了新的交易方式	1	2	3	4	5
(7) 创造了新的盈利方式	1	2	3	4	5
(8) 创造了新的盈利点	1	2	3	4	5
(9) 引入了新的思想、方法和商品	1	2	3	4	5
(10) 引入了新的运作流程、惯例和规范	1	2	3	4	5
(11) 总体来说，是非常新颖的	1	2	3	4	5

参考文献

[1] Schumpeter J A. The theory of economic development: An inquiry into profits, capital, credit, interest, and the business cycle [M]. Transaction Publishers, 1934.

[2] Casadesus-Masanell R, Zhu F. Business model innovation and competitive imitation: The case of sponsor-based business models [J]. Strategic Management Journal, 2013, 34 (4): 464-482.

[3] Øiestad S, Bugge M M. Digitisation of publishing: Exploration based on existing business models [J]. Technological Forecasting and Social Change, 2014 (83): 54-65.

[4] Amit R H, Zott C. Business model innovation: Creating value in times of change [J]. Recarch 2010 (1): 7-14.

[5] Chesbrough H, Rosenbloom R. S. The role of the business model in capturing value from innovation: Evidence from Xerox Corporation's technology spin-off companies [J]. Industrial and Corporate Change, 2002, 11 (3): 529-555.

[6] Zott C, Amit R. Business model design and the performance of entrepreneurial firms [J]. Organization Science, 2007, 18 (2): 181-199.

[7] Allan A, Christopher T. Internet business models and strategies [M]. Boston: McGraw Hill, 2001.

[8] Casadesus-Masanell R., Ricart J. E. From strategy to business models and onto tactics [J]. Long Range Planning, 2010, 43 (2): 195-215.

[9] Demil B, Lecocq X. Business model evolution: In search of dynamic consistency [J]. Long Range Planning, 2010, 43 (2): 227-246.

[10] Demil B, Lecocq X, Ricart J E, et al. Introduction to the SEJ special issue on business models: Business models within the domain of strategic entrepreneurship[J]. Strategic Entrepreneurship Journal, 2015, 9 (1): 1-11.

[11] Zott C, Amit R. The fit between product market strategy and business model: Implications for firm performance [J]. Strategic Management Journal, 2008, 29 (1): 1-26.

[12] Peng M W. Institutional transitions and strategic choices [J]. Academy of Management Review, 2003, 28 (2): 275-296.

[13] Zott C, Amit R, Massa L. The business model: Recent developments and future research [J]. Journal of Management, 2011, 37 (4): 1019-1042.

[14] Spieth P, Schneckenberg D, Ricart J E. Business model innovation-state of the art and future challenges for the field [J]. R&D Management, 2014, 44 (3): 237-247.

[15] Zott C, Amit R. The business model: A theoretically anchored robust construct for strategic analysis [J]. Strategic Organization, 2013, 11 (4): 403-411.

[16] Amit R, Zott C. Value creation in e-business [M]. INSEAD, 2000.

[17] Timmers P. Business models for electronic markets [J]. Electronic Markets, 1998, 8 (2): 3-8.

[18] Zott C, Amit R. Business model design: An activity system perspective [J]. Long Range Planning, 2010, 43 (2): 216-226.

[19] Magretta J. Why business models matter [J]. Economic 2002 (1): 7-14.

[20] Morris M, Schindehutte M, Allen J. The entrepreneur's business model: Toward a unified perspective [J]. Journal of Business Research, 2005, 58 (6): 726-735.

[21] Johnson M W, Christensen C M, Kagermann H. Reinventing your business model [J]. Harvard Business Review, 2008, 86 (12): 57-68.

[22] Teece D J. Business models, business strategy and innovation [J]. Long Range Planning, 2010, 43 (2): 172-194.

[23] Cavalcante S, Kesting P, Ulhøi J. Business model dynamics and innovation: (re) Establishing the missing linkages [J]. Management Decision, 2011, 49 (8): 1327-1342.

[24] George G, Bock A J. The business model in practice and its implications for entrepreneurship research [J]. Entrepreneurship Theory and Practice, 2011, 35 (1): 83-111.

[25] Baden-Fuller C, Mangematin V. Business models: A challenging agenda [J]. Strategic Organization, 2013, 11 (4): 418-427.

[26] Coff R, Felin T, Langley A, et al. So! apbox Forum: The business model: A valuable concept for strategic organization? [J]. Strategic Organization, 2013, 11 (4): 389.

[27] Eckhardt J T. Opportunities in business model research [J]. Strategic Organization, 2013, 11 (4): 412-417.

[28] Mahadevan B. Business models for Internet-based e-commerce [J]. California Management Review, 2000, 42 (4): 55-69.

[29] Stewart D W, Zhao Q. Internet marketing, business models, and public policy [J]. Journal of Public Policy & Marketing, 2000, 19 (2): 287-296.

[30] Tansky J W, Heneman R. Guest editor's note: Introduction to the special issue on human resource management in SMEs: A call for more re-search [J]. Human Resource Management, 2003, 42 (4): 299-302.

[31] Applegate L M, Collura M. Emerging E Business Models: Lessons from the Field [M]. Harvard Business School Press, 2000.

[32] Rappa M. Managing the digital enterprise-Business models on the Web [M]. New York: Education Press 2001.

[33] Osterwalder A, Pigneur Y, Tucci C L. Clarifying business models: Origins, present, and future of the concept [J]. Communications of the Association for Information Systems, 2005, 16 (1): 1.

[34] Bonaccorsi A, Giannangeli S, Rossi C. Entry strategies under competing standards: Hybrid business models in the open source software industry [J]. Management Science, 2006, 52 (7): 1085-1098.

[35] Bohnsack R, Pinkse J, Kolk A. Business models for sustainable technologies: Exploring business model evolution in the case of electric vehicles [J]. Research Policy, 2014, 43 (2): 284-300.

[36] Ritala P, Golnam A, Wegmann A. Coopetition-based business models: The case of Amazon. com [J]. Industrial Marketing Management, 2014, 43 (2): 236-249.

[37] Tapscott D, Lowy A, Ticoll D. Digital capital: Harnessing the power of business webs [M]. Harvard Business Press, 2000.

[38] Weill P, Vitale M. Place to space: Migrating to e-business models [M]. Boston: Harvard Business Scholl Press, 2001.

[39] Dubosson-Torbay M, Osterwalder A, Pigneur Y. E-business model design, classification, and measurements [J]. Thunderbird International Business Review, 2002, 44 (1): 5-23.

[40] Linder J. Changing business models: Surveying the landscape [M]. London: Economy Press 2000.

[41] Clausen T H, Rasmussen E. Parallel business models and the innovativeness of research-based spin-off ventures [J]. The Journal of Technology Transfer, 2013, 38 (6): 836-849.

[42] Osterwalder A. The business model ontology: A proposition in a design science approach [J]. London: Economy Press 2004 (1): 7-14.

[43] Osterwalder A. How to describe and improve your business model to compete better [J]. Draft Version, 2007 (1): 7-14.

[44] Habtay S R. A firm-level analysis on the relative difference between

technology-driven and market-driven disruptive business model innovations [J]. Creativity and Innovation Management, 2012, 21 (3): 290-303.

[45] Hamel G, Trudel J D. Leading the revolution [M]. No Longer Published by Elsevier, 2001.

[46] Amit R, Zott C. Creating value through business model innovation [J]. MIT Sloan Management Review, 2012, 53.

[47] Thompson J D, MacMillan I C. Business models: Creating new markets and societal wealth [J]. Long Range Planning, 2010, 43 (2): 291-307.

[48] Markides C C. Business model innovation: What can the ambidexterity literature teach us? [J]. The Academy of Management Perspectives, 2013, 27 (4): 313-323.

[49] Suarez F F, Cusumano M A, Kahl S J. Services and the business models of product firms: An empirical analysis of the software industry [J]. Management Science, 2013, 59 (2): 420-435.

[50] Giesen E, Berman S J, Bell R, et al. Three ways to successfully innovate your business model [J]. Strategy & Leadership, 2007, 35 (6): 27-33.

[51] Afuah A. Business models: A strategic management approach [J]. Long Range Planning 2004 (1): 7-14.

[52] Seelos C, Mair J. Profitable business models and market creation in the context of deep poverty: A strategic view [J]. The Academy of Management Perspectives, 2007, 21 (4): 49-63.

[53] Johnson M W. Seizing the white space [J]. Massachusetts: Harvard Business Press OpenURL, 2010 (1): 7-14.

[54] Kastalli I V, Van Looy B. Servitization: Disentangling the impact of service business model innovation on manufacturing firm performance [J]. Journal of Operations Management, 2013, 31 (4): 169-180.

[55] Desyllas P, Sako M. Profiting from business model innovation: Evidence from Pay-As-You-Drive auto insurance [J]. Research Policy, 2013,

42（1）：101-116.

[56] Chesbrough H W. The era of open innovation [J]. Managing Innovation and Change，2006，127（3）：34-41.

[57] Zollo M，Winter S G. Deliberate learning and the evolution of dynamic capabilities [J]. Organization Science，2002，13（3）：339-351.

[58] Sidhu J S，Commandeur H R，Volberda H W. The multifaceted nature of exploration and exploitation：Value of supply，demand，and spatial search for innovation [J]. Organization Science，2007，18（1）：20-38.

[59] Chatterji A K，Fabrizio K R. Using users：When does external knowledge enhance corporate product innovation? [J]. Strategic Management Journal，2014，35（10）：1427-1445.

[60] Katila R，Ahuja G. Something old，something new：A longitudinal study of search behavior and new product introduction [J]. Academy of Management Journal，2002，45（6）：1183-1194.

[61] Laursen K，Salter A. Open for innovation：The role of openness in explaining innovation performance among UK manufacturing firms [J]. Strategic Management Journal，2006，27（2）：131-150.

[62] Chiang Y H，Hung K P. Exploring open search strategies and perceived innovation performance from the perspective of inter-organizational knowledge flows [J]. R&D Management，2010，40（3）：292-299.

[63] Garriga H，von Krogh G，Spaeth S. How constraints and knowledge impact open innovation [J]. Strategic Management Journal，2013，34（9）：1134-1144.

[64] Salge T O，Farchi T，Barrett M I，et al. When does search openness really matter? A contingency study of health-care innovation projects [J]. Journal of Product Innovation Management，2013，30（4）：659-676.

[65] Geletkanycz M A，Hambrick D C. The external ties of top executives：Implications for strategic choice and performance [J]. Administrative Science Quarterly，1997（7）：654-681.

[66] Atuahene-Gima K, Murray J Y. Exploratory and exploitative learning in new product development: A social capital perspective on new technology ventures in China [J]. Journal of International Marketing, 2007, 15 (2): 1-29.

[67] Stam W, Elfring T. Entrepreneurial orientation and new venture performance: The moderating role of intra-and extraindustry social capital [J]. Academy of Management Journal, 2008, 51 (1): 97-111.

[68] Boso N, Story V M, Cadogan J W. Entrepreneurial orientation, market orientation, network ties, and performance: Study of entrepreneurial firms in a developing economy [J]. Journal of Business Venturing, 2013, 28 (6): 708-727.

[69] Smith W K, Binns A, Tushman M L. Complex business models: Managing strategic paradoxes simultaneously [J]. Long Range Planning, 2010, 43 (2): 448-461.

[70] Santos F M. A positive theory of social entrepreneurship [J]. Journal of Business Ethics, 2012, 111 (3): 335-351.

[71] Chesbrough H. Open business models: How to thrive in the new innovation landscape [M]. Harvard Business Press, 2013.

[72] Sosna M, Trevinyo-Rodríguez R N, Velamuri S R. Business model innovation through trial-and-error learning: The Naturhouse case [J]. Long Range Planning, 2010, 43 (2): 383-407.

[73] McGrath R G. Business models: A discovery driven approach [J]. Long Range Planning, 2010, 43 (2): 247-261.

[74] Andries P, Debackere K. Business model innovation: Propositions on the appropriateness of different learning approaches [J]. Creativity and Innovation Management, 2013, 22 (4): 337-358.

[75] Aspara J, Lamberg J-A, Laukia A, et al. Corporate business model transformation and inter-organizational cognition: The case of Nokia [J]. Long Range Planning, 2013, 46 (6): 459-474.

[76] Bouchikhi H, Kimberly J. Escaping the identity trap [J]. Recarch 2003 (1): 7-14.

[77] Chesbrough H. Business model innovation: Opportunities and barriers [J]. Long Range Planning, 2010, 43 (2): 354-363.

[78] Sabatier V, Craig-Kennard A, Mangematin V. When technological discontinuities and disruptive business models challenge dominant industry logics: Insights from the drugs industry [J]. Technological Forecasting and Social Change, 2012, 79 (5): 949-962.

[79] Velu C, Stiles P. Managing decision-making and cannibalization for parallel business models [J]. Long Range Planning, 2013, 46 (6): 443-458.

[80] Dobusch L, SchüBler E. Copyright reform and business model innovation: Regulatory propaganda at German music industry conferences [J]. Technological Forecasting and Social Change, 2014 (83): 24-39.

[81] Teece D J, Pisano G, Shuen A. Dynamic capabilities and strategic management [J]. Strategic Management Journal, 1997, 18 (7): 509-533.

[82] Peteraf M, Di Stefano G, Verona G. The elephant in the room of dynamic capabilities: Bringing two diverging conversations together [J]. Strategic Management Journal, 2013, 34 (12): 1389-1410.

[83] Eisenhardt K M, Martin J A. Dynamic capabilities: What are they? [J]. Strategic Management Journal, 2000, 21 (10-11): 1105-1121.

[84] Helfat C E. Know-how and asset complementarity and dynamic capability accumulation: The case of R&D[J]. Strategic Management Journal, 1997, 18 (5): 339-360.

[85] Teece D J. Explicating dynamic capabilities: The nature and microfoundations of (sustainable) enterprise performance [J]. Strategic Management Journal, 2007, 28 (13): 1319-1350.

[86] Bock A J, Opsahl T, George G, et al. The effects of culture and structure on strategic flexibility during business model innovation [J]. Journal of Management Studies, 2012, 49 (2): 279-305.

[87] Doz Y L, Kosonen M. Embedding strategic agility: A leadership agenda for accelerating business model renewal[J]. Long Range Planning, 2010, 43 (2): 370-382.

[88] Achtenhagen L, Melin L, Naldi L. Dynamics of business models-strategizing, critical capabilities and activities for sustained value creation [J]. Long Range Planning, 2013, 46 (6): 427-442.

[89] Galunic C, Rodan S. Resource recombinations in the firm: Knowledge structures and the potential for Schumpeterian innovation [M]. INSEAD, 1997.

[90] Lavie D. The competitive advantage of interconnected firms: An extension of the resource-based view [J]. Academy of Management Review, 2006, 31 (3): 638-658.

[91] Sirmon D G, Hitt M A, Ireland R D. Managing firm resources in dynamic environments to create value: Looking inside the black box [J]. Academy of Management Review, 2007, 32 (1): 273-292.

[92] Sirmon D G, Hitt M A, Arregle J L, et al. The dynamic interplay of capability strengths and weaknesses: Investigating the bases of temporary competitive advantage [J]. Strategic Management Journal, 2010, 31 (13): 1386-1409.

[93] Dyer J H, Singh H. The relational view: Cooperative strategy and sources of interorganizational competitive advantage [J]. Academy of Management Review, 1998, 23 (4): 660-679.

[94] Ireland R D, Hitt M A, Vaidyanath D. Alliance management as a source of competitive advantage [J]. Journal of Management, 2002, 28 (3): 413-446.

[95] Rothaermel F T, Deeds D L. Exploration and exploitation alliances in biotechnology: A system of new product development [J]. Strategic Management Journal, 2004, 25 (3): 201-221.

[96] Wirtz B W, Schilke O, Ullrich S. Strategic development of business

models: Implications of the Web 2.0 for creating value on the internet [J]. Long Range Planning, 2010, 43 (2): 272-290.

[97] Leischnig A, Geigenmueller A, Lohmann S. On the role of alliance management capability, organizational compatibility, and interaction quality in interorganizational technology transfer [J]. Journal of Business Research, 2014, 67 (6): 1049-1057.

[98] Sheehan N T, Stabell C B. Discovering new business models for knowledge intensive organizations [J]. Strategy & Leadership, 2007, 35 (2): 22-29.

[99] Khanagha S, Volberda H, Oshri I. Business model renewal and ambidexterity: Structural alteration and strategy formation process during transition to a Cloud business model [J]. R&D Management, 2014, 44 (3): 322-340.

[100] North D C. Institutions, institutional change and economic performance [M]. Cambridge University Press, 1990.

[101] Scott W R. Institutions and organizations [M]. Sage Thousand Oaks, CA, 1995.

[102] Scott W R. The adolescence of institutional theory [J]. Administrative Science Quarterly, 1987 (1): 493-511.

[103] Eisenhardt K M. Agency-and institutional-theory explanations: The case of retail sales compensation [J]. Academy of Management Journal, 1988, 31 (3): 488-511.

[104] Lawrence P R, Lorsch J W. Differentiation and integration in complex organizations [J]. Administrative Science Quarterly, 1967 (1): 1-47.

[105] DiMaggio P, Powell W. The iron cahe revisited-institutional isomorphism and collective rationality [J]. The New Institutionalism in Organizational Analysis, 1991 (1): 63-82.

[106] Peng M W, Sun S L, Pinkham B, et al. The institution-based view as a third leg for a strategy tripod [J]. The Academy of Management Perspectives, 2009, 23 (3): 63-81.

[107] Zhang Y, Li H. Innovation search of new ventures in a technology cluster: The role of ties with service intermediaries [J]. Strategic Management Journal, 2010, 31 (1): 88-109.

[108] Luo Y. Are joint venture partners more opportunistic in a more volatile environment? [J]. Strategic Management Journal, 2007, 28 (1): 39-60.

[109] Zhou K Z, Poppo L. Exchange hazards, relational reliability, and contracts in China: The contingent role of legal enforceability [J]. Journal of International Business Studies, 2010, 41 (5): 861-881.

[110] Sheng S, Zhou K Z, Li J J. The effects of business and political ties on firm performance: Evidence from China [J]. Journal of Marketing, 2011, 75 (1): 1-15.

[111] Li Y, Peng M W, Macaulay C D. Market-political ambidexterity during institutional transitions [J]. Strategic Organization, 2013, 11 (2): 205-213.

[112] Arend R J. The business model: Present and future-beyond a skeu-morph [J]. Strategic Organization, 2013, 11 (4): 390-402.

[113] Miller D. Configurations revisited [J]. Strategic Management Journal, 1996, 17 (7): 505-512.

[114] Teece D J. Profiting from technological innovation: Implications for integration, collaboration, licensing and public policy [J]. Research Policy, 1986, 15 (6): 285-305.

[115] Li H, Atuahene-Gima K. The impact of interaction between R&D and marketing on new product performance: An empirical analysis of Chinese high technology firms [J]. International Journal of Technology Management, 2001, 21 (1-2): 61-75.

[116] Winter S G, Nelson R R. An evolutionary theory of economic change [Z]. University of Illinois at Urbana-Champaign's Academy for Entrepreneurial Leadership Historical Research Reference in Entrepreneurship, 1982.

[117] Hannan M T, Freeman J. Structural inertia and organizational change [J]. American Sociological Review, 1984 (1): 149-164.

[118] Leonard D. Core capabilities and core rigidities: A paradox in managing new product development [J]. Strategic Management Journal, 1992, 13 (2): 111-125.

[119] Gilbert C G. Unbundling the structure of inertia: Resource versus routine rigidity [J]. Academy of Management Journal, 2005, 48 (5): 741-763.

[120] Christensen C, Raynor M. The innovator's solution: Creating and sustaining successful growth [M]. Harvard Business Review Press, 2013.

[121] Mitchell D W, Bruckner Coles C. Business model innovation breakthrough moves [J]. Journal of Business Strategy, 2004, 25 (1): 16-26.

[122] Björkdahl J. Technology cross-fertilization and the business model: The case of integrating ICTs in mechanical engineering products [J]. Research Policy, 2009, 38 (9): 1468-1477.

[123] Calia R C, Guerrini F M, Moura G L. Innovation networks: From technological development to business model reconfiguration [J]. Technovation, 2007, 27 (8): 426-432.

[124] Levinthal D A, March J G. The myopia of learning [J]. Strategic Management Journal, 1993, 14 (S2): 95-112.

[125] Christensen C M. The Innovator's Dilemma: The revolutionary book that will change the way you do business (collins business essentials) [J]. Business Economic 1997.

[126] Lin Y, Wu L-Y. Exploring the role of dynamic capabilities in firm performance under the resource-based view framework [J]. Journal of Business Research, 2014, 67 (3): 407-413.

[127] Dixon S, Meyer K, Day M. Building dynamic capabilities of adaptation and innovation: A study of micro-foundations in a transition economy [J]. Long Range Planning, 2014, 47 (4): 186-205.

[128] Baruch Y, Holtom B C. Survey response rate levels and trends in

organizational research [J]. Human Relations, 2008, 61 (8): 1139-1160.

[129] Armstrong J S, Overton T S. Estimating nonresponse bias in mail surveys [J]. Journal of Marketing Research, 1977: 396-402.

[130] Lambert D M, Harrington T C. Measuring nonresponse bias in customer service mail surveys [J]. Journal of Business Logistics, 1990, 11 (2): 5-25.

[131] Mumford M D, Costanza D P, Connelly M S, et al. Item generation procedures and background data scales: Implications for construct and criterion-related validity [J]. Personnel Psychology, 1996, 49 (2): 361-398.

[132] Da D. Mail and telephone surveys: The total design method [M]. New York: Wiley, 1978.

[133] Dess G G, Beard D W. Dimensions of organizational task environments [J]. Administrative Science Quarterly, 1984 (1): 52-73.

[134] Keats B W, Hitt M A. A causal model of linkages among environmental dimensions, macro organizational characteristics, and performance [J]. Academy of Management Journal, 1988, 31 (3): 570-598.

[135] Baum J R, Locke E A, Smith K G. A multidimensional model of venture growth [J]. Academy of Management Journal, 2001, 44 (2): 292-303.

[136] Chattopadhyay P, Glick W H, Huber G P. Organizational actions in response to threats and opportunities [J]. Academy of Management Journal, 2001, 44 (5): 937-955.

[137] Aiken L S, West S G, Reno R R. Multiple regression: Testing and interpreting interactions [M]. Sage, 1991.

[138] Sharma S, Durand R M, Gur-Arie O. Identification and analysis of moderator variables [J]. Journal of Marketing Research, 1981 (1): 291-300.

[139] Baron R M, Kenny D A. The moderator-mediator variable distinction in social psychological research: Conceptual, strategic, and statistical considerations [J]. Journal of Personality and Social Psychology, 1986, 51

(6): 1173.

[140] Prescott J E. Environments as moderators of the relationship between strategy and performance [J]. Academy of Management Journal, 1986, 29 (2): 329-346.

[141] Cortina J M. Interaction, nonlinearity, and multicollinearity: Implications for multiple regression [J]. Journal of Management, 1993, 19 (4): 915-922.

[142] Cohen J, Cohen P, West S G, et al. Applied multiple regression/correlation analysis for the behavioral sciences [M]. Routledge, 2013.

[143] Irwin J R, McClelland G H. Misleading heuristics and moderated multiple regression models [J]. Journal of Marketing Research, 2001, 38 (1): 100-109.

[144] Jaccard J, Wan C K, Turrisi R. The detection and interpretation of interaction effects between continuous variables in multiple regression [J]. Multivariate Behavioral Research, 1990, 25 (4): 467-478.

[145] Gujarati D N, Porter D C. Essentials of econometrics [J]. Journal of Management 1999 (1): 7-14.

[146] Nunally J C, Bernstein I H. Psychometric theory [M]. New York: McGraw-Hill, 1978.

[147] Cronbach L J. Coefficient alpha and the internal structure of tests [J]. Psychometrika, 1951, 16 (3): 297-334.

[148] Churchill Jr G A. A paradigm for developing better measures of marketing constructs [J]. Journal of Marketing Research, 1979 (1): 64-73.

[149] Fornell C, Larcker D F. Evaluating structural equation models with unobservable variables and measurement error [J]. Journal of Marketing Research, 1981 (1): 39-50.

[150] TAIT M. The application of exploratory factor analysis in applied psychology: A critical review and analysis [J]. Personnel Psychology, 1986, 986-989.

[151] Bagozzi R P. Causal modeling in marketing [M]. New York: Wiley, 1980.

[152] Podsakoff P M, MacKenzie S B, Lee J-Y, et al. Common method biases in behavioral research: A critical review of the literature and recommended remedies [J]. Journal of Applied Psychology, 2003, 88 (5): 879.

[153] Venkatraman N. Strategic orientation of business enterprises: The construct, dimensionality, and measurement [J]. Management Science, 1989, 35 (8): 942-962.

[154] 白宏. 现代商业模式的本质属性与结构特征研究 [D]. 东华大学博士学位论文, 2012.

[155] 陈玉锋. 企业商业模式设计及创新研究 [D]. 大连海事大学硕士学位论文, 2008.

[156] 沈永言. 商业模式理论与创新研究 [D]. 北京邮电大学博士学位论文, 2011.

[157] 郭毅夫. 商业模式创新与企业竞争优势: 内在机理及实证研究 [D]. 东华大学博士学位论文, 2009.

[158] 陈彦恺. 颠覆性创新视角下的后发企业商业模式创新研究 [D]. 上海交通大学博士学位论文, 2010.

[159] 罗珉, 曾涛, 周思伟. 企业商业模式创新: 基于租金理论的解释 [J]. 中国工业经济, 2005 (7): 73-81.

[160] 曾涛. 企业商业模式创新: 一种更重要的核心竞争力 [J]. 经济体制改革, 2006 (2): 70-73.

[161] 孙永波. 商业模式创新与竞争优势 [J]. 管理世界, 2011 (7): 182-183.

[162] 王瑜. 团购网站商业模式分析与创新研究 [M]. 北京: 北京邮电大学出版社, 2011: 18-42.

[163] 程愚, 孙建国, 宋文文. 商业模式, 营运效应与企业绩效——对生产技术创新和经营方法创新有效性的实证研究 [J]. 中国工业经济, 2012 (7): 83-95.

[164] 胡保亮. 商业模式创新，技术创新与企业绩效关系：基于创业板上市企业的实证研究 [J]. 科技进步与对策，2012，29 (3)：95-100.

[165] 闪烁. 海外并购热潮下的中国企业商业模式创新路径——以联想集团为例 [J]. 科学学研究，2010，28 (4)：619-625.

[166] 姚伟峰，鲁桐. 基于资源整合的企业商业模式创新路径研究——以怡亚通供应链股份有限公司为例 [J]. 研究与发展管理，2011，23 (3)：97-101.

[167] 李东红，李蕾. 先行者商业模式创新及其对发展战略性新兴产业的影响——以尚德为典型案例的研究 [J]. 中国软科学，2010 (S1)：88-96.

[168] 张玉利，田新，王晓文. 有限资源的创造性利用——基于冗余资源的商业模式创新：以麦乐送为例 [J]. 经济管理，2009，31 (3)：119-125.

[169] 荆浩，贾建锋. 中小企业动态商业模式创新——基于创业板立思辰的案例研究 [J]. 科学学与科学技术管理，2011，32 (1)：67-72.

[170] 李东. 基于结构特征的商业模式创新：路径类型、产业效应与策略体系 [J]. 中国软科学，2006 (11)：141-145.

[171] 刘毅，谈力. 基于商业模式创新的新兴产业发展路径实证研究 [J]. 科技管理研究，2012，32 (19)：137-140.

[172] 原磊. 零售企业的商业模式创新 [J]. 经济管理，2009，31 (3)：75-78.

[173] 夏晓波. 新兴经济背景下商业模式对企业成长的影响：中国制造企业的证据 [D]. 江南大学博士学位论文，2013.

[174] 张文彤，董伟. SPSS 统计分析高级教程 [M]. 北京：高等教育出版社，2004.